Konzentrations-Training

Tom Werneck · Frank Ullmann

Konzentrations-Training

Praktische Übungen
zur Verbesserung
des Erinnerungsvermögens
und der
Beobachtungsfähigkeit

WISSEN

Die Kalenderblätter auf den Seiten 10 und 11
stammen aus dem »Planing Kalender« Typ Tages-Planing 1510;
die Blätter der Seiten 12 bis 15
sind dem »Planing Kalender« Typ Minister 1110
entnommen.
Mit der freundlichen Genehmigung von
Quo Vadis, 7640 Kehl am Rhein

Lizenzausgabe 1992 für
Wissen Verlag GmbH, Herrsching

Umschlaggestaltung: Bine Cordes, Weyarn
Printed in Germany

ISBN 3-8075-0042-1

Lesen Sie erst
diese »Betriebsanleitung«,
bevor Sie sich
mit dem Trainingsprogramm
beschäftigen.

Das Lösen der einzelnen Aufgaben – wenn es nicht systematisch geschieht –, mag zwar ein amüsanter Zeitvertreib sein, ist aber sonst sinnlos.
Wenn Sie zu einer Aufgabe die Lösung nicht finden, so schlagen Sie bitte nicht im Lösungsschlüssel nach. Versuchen Sie besser, am nächsten Tag mit dem Problem fertig zu werden.

Der Lösungsschlüssel am Ende des Buchs ist als Selbstkontrolle vorgesehen und soll Ihnen Ihre Lernfortschritte bestätigen.

Wie dieses Buch entstand

Nach fünf Minuten war ich schon reichlich ungeduldig. Fünf Minuten lang hatte mir ein junger Mann am Telefon beizubringen versucht, daß er nur deshalb nicht an einem unserer Schnell-Lesekurse teilnehmen könne, weil er ein Problem habe. Er machte einen reichlich verworrenen Eindruck – und es war nicht aus ihm herauszubringen, was denn nun sein Problem war. Schließlich, kurz bevor mir der Geduldsfaden riß, brach es durch: »Äh, wissen Sie, ich kann mich nicht ... äh, wie sagt man denn da ... äh ... ach so ja äh« (längere Pause) und dann ziemlich leise: »... nicht konzentrieren.«

Wir hatten schon oft Teilnehmer in den Kursen für Dynamisches Lesen, die neben der Verbesserung der Lesefertigkeit eine Steigerung der Konzentrationsfähigkeit feststellten. Und so begannen wir systematisch, in den Kursus Übungen zur Verbesserung der Konzentrationsfähigkeit einzubauen. Wir testeten eine Reihe verschiedener Vorgehensweisen und hatten schließlich ein so umfangreiches Materialpaket gesammelt und ausprobiert, daß es den Rahmen der laufenden Kurse sprengte.
Es lag nahe, die gesammelten Erfahrungen als Buch herauszubringen. Der Erfolg gab uns recht. Auflage um Auflage, auch im Ausland, erschien in kurzer Folge.
Wir haben das Buch über Jahre in unseren an das Management in der Industrie adressierten Lehrprogrammen eingesetzt und dabei Technik und Methode der Konzentrationsschulung weiterentwickelt. Das Konzentrationstraining ist also ein Training aus der Praxis für die Praxis.

Was Sie wissen sollten, bevor Sie mit dem Training beginnen

Das Buch, das Sie soeben gekauft haben, bietet ein Trainingsprogramm ganz besonderer Art. Es ist nicht damit getan, daß Sie brav ein paar Übungen pro Tag erledigen. Wenn Sie ernsthaft auf Ihr Konzentrationsvermögen, Ihre Erinnerungsfähigkeit und Ihre Beobachtungsgabe einwirken wollen, dann muß der ganze Tag zum Training werden. Es kommt nicht darauf an, *was* Sie tun, sondern *wie* Sie es erledigen. Sie können unbesorgt sein: Wir sind nicht so lebensfremd, zu erwarten, daß Sie jetzt alles stehen und liegen lassen und den ganzen Tag nur noch Ihrem Training nachgehen. Wir wollen nur eine Kombination zwischen Trainingsprogramm und der Anwendung im täglichen Leben erreichen – und das ist ja sicher vor allem Ihr eigenes Ziel.
Erste Voraussetzung für Fortschritt und Erfolg: Sie müssen den festen Willen haben, aktiv an sich zu arbeiten. Dazu soll Sie dieses Trainingsbuch drei Wochen lang durch den ganzen Tag begleiten. Konsequent.
Dazu müssen Sie einen wesentlichen Beitrag leisten und zu einer systematischen Planung übergehen. Ein Konzentrationstraining ist damit verknüpft, Ihnen Zusammenhänge deutlich und bewußt zu machen.
Zu einer systematischen Tagesplanung gehört vor allem ein brauchbarer Kalender. Die üblichen handlichen Taschenkalender oder Faltkalender sind erfahrungsgemäß viel zu klein. Sie bieten nicht genug Platz, damit Sie sich alles aufschreiben können, was für Sie für die Gestaltung eines Tages wichtig sein kann.
Ideal sind großformatige Kalender, die

- entweder für jeden Tag eine ganze Seite vorsehen
- oder auf einer Doppelseite einen Wochenüberblick geben.

Auf den folgenden Seiten finden Sie Beispiele für diese beiden Kalendertypen. Wenn Sie dieses Buch zu einem Zeitpunkt kaufen, zu dem das Jahr schon ein gutes Stück fortgeschritten ist, so ist die Möglichkeit gering, noch einen derartigen Kalender im Schreibwarenhandel zu bekommen. Suchen Sie dann von den beiden Mustervorlagen die Version heraus, die Ihnen persönlich mehr liegt, und machen Sie sich von der Darstellung, bei der die einzelnen Daten weggelassen wurden eine ausreichend große Zahl von Fotokopien, die Sie dann als Ersatzkalender für die Trainingsdauer verwenden können. Wenn Sie vier Wochen damit gearbeitet haben werden Sie die arbeitsmethodischen Vorteile solcher »Merkhilfen« nicht mehr missen wollen und spätestens mit dem nächsten Jahresanfang zu einem großformatigen Kalender übergehen.

Tragen Sie *alle* Aufgaben, die Sie zu erledigen haben, ein. Alle heißt wirklich das, was das Wort ausdrückt: ALLE. Also auch Tanken, Telefonieren (gleich die Nummer des Anzurufenden daneben), kleine Einkäufe, Blumengießen, den Hund Gassi führen, Geburtstagsgratulationen, Aufräumen usw.
Aufgaben, von denen Sie nur wissen, daß sie erledigt werden müssen, nicht aber wann sie besorgt werden können, kommen in die Rubrik »Schiebeaufgaben«. (Notizen) Sie werden von Tag zu Tag weiter vorgetragen, bis sie erledigt sind.
Was erledigt ist, wird sofort durchgestrichen. Am Abend ist für die Trainingszeit Ihre letzte Aufgabe, alles was nicht durchgestrichen ist, zum nächstmöglichen Termin vorzutragen. Für heute haben Sie nur eine Aufgabe: Füllen Sie den Tagesplan für morgen aus.
Zu jedem Tag gehört ein bestimmtes Übungsprogramm.
Halten Sie auf dem Tagesplan die Gesamtdauer der Übungen fest, die für den einzelnen Tag vorgesehen ist. Wenn Sie Ihre Zeiteinteilung vornehmen, so blättern Sie bitte kurz die einzelnen Aufgaben durch – ohne sich bereits mit der Lösung zu beschäftigen. Wichtig ist nur die Zeit, die in der rechten oberen Ecke angegeben ist. Sie enthält die durchschnittliche Lösungsdauer. Daneben sehen Sie noch einen Kasten mit einem **S** und einer Zahl von **1** bis **5**. **S** bedeutet »Schwierigkeit«. Je höher die Ziffer, um so schwerer ist die Übung.

SONNTAG 4 (01) JANUAR

8
30
9
30
10
30
11
30
12
30
13
30
14
30
15
30
16
30
17
30
18
30
19
30

DOMINANTE ®

TELEFONIEREN

SCHREIBEN

TREFFEN

NOTIZEN

8
30
9
30
10
30
11
30
12
30
13
30
14
30
15
30
16
30
17
30
18
30
19
30

DOMINANTE

TELEFONIEREN

SCHREIBEN

TREFFEN

NOTIZEN

MONTAG 19 (01) JANUAR	DIENSTAG 20 (01) JANUAR	MITTWOCH 21 (01) JANUAR	DONNERSTAG 22 (01) JANUAR
Dominante ®	Dominante	Dominante	Dominante
FS 19	FS 20	FS 21	FS 22

8	8	8	
—30—	—30—	—30—	
9	9	9	
—30—	—30—	—30—	
10	10	10	
—30—	—30—	—30—	
11	11	11	
—30—	—30—	—30—	
12	12	12	
—30—	—30—	—30—	
13	13	13	
—30—	—30—	—30—	
14	14	14	
—30—	—30—	—30—	
15	15	15	
—30—	—30—	—30—	
16	16	16	
—30—	—30—	—30—	
17	17	17	
—30—	—30—	—30—	
18	18	18	
—30—	—30—	—30—	
19	19	19	
—30—	—30—	—30—	
20	20	20	
—30—	—30—	—30—	
21	21	21	

SONNTAG 25

(01) JANUAR

Dominante

FS 25

7
8
9
10
11

FREITAG **23**
(01) JANUAR
Dominante
FS 23

SAMSTAG **24**
(01) JANUAR
Dominante
FS 24

(01) JANUAR 1981

W	M	D	M	D	F	S	S
1				1	2	3	4
2	5	6	7	8	9	10	11
3	12	13	14	15	16	17	18
4	19	20	21	22	23	24	25
5	26	27	28	29	30	31	

Erstes Vierteljahr

4. WOCHE

vom 19. Januar bis 25. Januar 1981

8
30
9
30
10
30
11
30
12
30
13
30
14
30
15
30
16
30
17
30
18
30
19
30
20
30
21

12 17
13 18
14 19
15 20
16 21

TELEFONIEREN

SCHREIBEN

TREFFEN

ERLEDIGEN

EINKASSIEREN

ZAHLEN

NOTIZEN

MONTAG		DIENSTAG		MITTWOCH		DONNERSTAG
Dominante		Dominante		Dominante		Dominante
	8		8		8	
	—30—		—30—		—30—	
	9		9		9	
	—30—		—30—		—30—	
	10		10		10	
	—30—		—30—		—30—	
	11		11		11	
	—30—		—30—		—30—	
	12		12		12	
	—30—		—30—		—30—	
	13		13		13	
	—30—		—30—		—30—	
	14		14		14	
	—30—		—30—		—30—	
	15		15		15	
	—30—		—30—		—30—	
	16		16		16	
	—30—		—30—		—30—	
	17		17		17	
	—30—		—30—		—30—	
	18		18		18	
	—30—		—30—		—30—	
	19		19		19	
	—30—		—30—		—30—	
	20		20		20	
	—30—		—30—		—30—	
	21		21		21	

SONNTAG

Dominante

7 ....
8 ....
9 ....
10 ....
11 ....

FREITAG	SAMSTAG
Dominante	Dominante

8
30
9
30
10
30
11
30
12
30
13
30
14
30
15
30
16
30
17
30
18
30
19
30
20
30
21

12	17
13	18
14	19
15	20
16	21

W	M	D	M	D	F	S	S
1							
2							
3							
4							
5							

Erstes Vierteljahr

WOCHE

vom
bis

TELEFONIEREN

SCHREIBEN

TREFFEN

ERLEDIGEN

EINKASSIEREN	ZAHLEN

NOTIZEN

Was heißt eigentlich Konzentration? Wie können Sie Ihre Konzentrationsfähigkeit trainieren und verbessern?

Sie kennen sicher die folgende Situation: Sie fahren auf eine Kreuzung zu und hören im Autoradio die letzten Nachrichten. Nach der Kreuzung, die unübersichtlich und stark frequentiert war, stellen Sie fest, daß inzwischen Musik aus dem Lautsprecher tönt. Der Wechsel zwischen Sprache und Musik ist Ihnen entgangen.

Was ist geschehen? Wieso konnten Sie sich nicht auf das Verkehrsgewühl *und* auf die Nachrichten konzentrieren?

Es liegt in der menschlichen Natur bedingt, daß Sie immer nur eine Sache in einem bestimmten Moment bewußt tun können. Konzentrationsfähigkeit bedeutet vor allem, daß dieses eine, das gerade bewußt getan, gedacht, erlebt wird, nicht ständig wechselt, sondern daß die ganze geschlossene Aufmerksamkeit für längere Zeit auf die gleiche Sache gerichtet bleiben kann.

Wenn Sie Konzentrations- und Gedächtnisprobleme haben, dann werden Ihnen immer wieder solche kleinen Pannen passieren: Sie gehen in den Keller, um etwas zu holen. Wenn Sie unten sind, sehen Sie eine Schachtel auf dem Boden stehen. Sie räumen – weil Sie gerade davor stehen – die Schachtel aus. Ein Teil des Inhalts gehört in die Küche. Das wird also sofort erledigt. Und dann stehen Sie in der Küche und haben längst vergessen, warum Sie eigentlich in den Keller gegangen sind.

Oder Sie rufen jemanden an. Während der Apparat bei Ihrem Gesprächspartner läutet, lesen Sie einen Brief, blättern in einem Buch oder beschäftigen sich mit sonst irgend etwas, das nichts mit dem Anruf zu tun hat. Und jetzt meldet sich Ihr Partner – womöglich noch ganz einfach mit »Hallo?«. Und Sie haben keine Ahnung mehr, wen Sie eigentlich angerufen hatten.

Peinlich, ärgerlich und zeitraubend. Um diese Alltagsfehlleistungen abzubauen, wollen wir im Alltag ansetzen. Und deshalb ist der Tagesplaner ein Teil des Trainingsprogramms. Der Schwerpunkt aller Ihrer Bemühungen liegt stets auf dem Kernproblem:

Immer nur eine Sache, die aber bewußt tun.

Und sich unter keinen Umständen davon abbringen lassen.
Als erstes müssen Sie verhindern, daß Sie vergessen, daß Sie ein Trainingsprogramm durchlaufen. Gewöhnen Sie es sich deshalb an, zu jeder Zeit eine Erinnerungshilfe vor Augen zu haben. Nehmen Sie ständig das Trainingsbuch mit. Auch wenn es nur auf dem Tisch liegt, erfüllt es bereits einen Zweck: Es erinnert Sie an Ihre Aufgabe.
Schaffen Sie sich zusätzliche Erinnerungsbrücken. Zum Beispiel können Sie sich einen großen knallroten Punkt auf ein weißes Blatt malen und an die Wand hängen, so daß er Ihnen stets vor Augen bleibt. Oder Sie fertigen sich Aufsteller aus Pappe, auf die Sie ein großes, gut lesbares K zeichnen. Bauen Sie solche Aufsteller an allen Orten, an denen Sie häufig sind, auf: Auf dem Nachttisch, dem Schreibtisch, dem Armaturenbrett im Auto und sogar auf dem Ablagebord im Bad.

Eine gute Erinnerungshilfe ist auch eine Mandala; das ist eine Bildvorlage, die den Blick des Betrachters immer wieder zum Zentrum lenkt. Sie dient als Meditationshilfe, ist aber zugleich gut als Signal geeignet, das das Bewußtsein immer wieder auf das gerade begonnene Konzentrationstraining lenkt.

Aufmerksamkeit:

Tun Sie alles bewußt

Fahren Sie bewußt Auto und träumen Sie dabei nicht. Denken Sie beim Schreiben eines Briefes nicht an andere Dinge, auch wenn Sie dadurch auf Gedanken kommen, die im Zusammenhang stehen und für spätere Maßnahmen von Wichtigkeit sind. Und wenn Sie glauben, in der Nase bohren zu müssen, dann tun Sie auch das nicht nur so nebenbei, sondern richtig, das heißt eben bewußt.
Sollten Sie bemerken, daß Ihre Gedanken abzuschweifen beginnen, so entscheiden Sie darüber, ob dieser Faden wichtig ist oder nicht. Ist er wichtig, dann notieren Sie ihn. Und außerdem können Sie wichtige Gedanken als »Schiebeaufgaben« von Tag zu Tag vor sich herschieben, bis sich die Möglichkeit der Realisierung bietet.
Ziel dieser Maßnahme soll sein, zu verhindern, daß Sie sich von einer Sache ablenken lassen. Notieren Sie also alles, was Ihnen in die Quere kommt, aber bringen Sie jede angefangene Aufgabe zu Ende.

Es mag Ihnen fade vorkommen, Ihr Leben nach einem Plan zu führen. Aber Sie haben sich nun ein Ziel gesetzt; Sie wollen Ihre Konzentrationsfähigkeit, Ihre Beobachtungsgabe und Ihr Erinnerungsvermögen trainieren. Damit Sie Ihr Gehirn freihalten für die wichtigen Aufgaben, sollen Sie nun systematisch alles aufschreiben, was von Bedeutung ist. Deshalb führen Sie Ihren Tagesplan. Sie haben damit die Gewähr, daß Sie nichts vergessen können. Sie sind also nicht mehr mit der Überlegung belastet, was noch alles zu tun ist, was alles nicht vergessen werden darf – und das allein schafft Ihnen bereits einige Probleme vom Halse.

Zwischen Ihrem Gedächtnis und Ihrer Konzentrationsfähigkeit besteht ein enger Zusammenhang. Es wäre widersprüchlich, anzunehmen, Sie hätten zwar ein ausgezeichnetes Gedächtnis, könnten sich aber nicht konzentrieren. Und vice versa. Schlechte Konzentration beruht sehr häufig einfach darauf, daß Informationen nicht erinnerbar sind. Und damit sind wir schon beim Kern des Problems: Ob Informationen abgerufen werden können, hängt entscheidend davon ab, wie intensiv sie im Gehirn eingespeichert wurden.
Verfolgen wir doch einmal den Weg der Information zum Gehirn: Jede Information wird durch die Sinnesorgane aufgenommen und durch Nervenbündel, die man als Kanäle bezeichnen kann, weitergeleitet. Einen Kanal kann man sich ganz bildhaft als Röhre mit einem bestimmten Durchmesser vorstellen. Damit ist die Kanalkapazität vorgegeben; mehr als der Durchmesser zu bewältigen vermag, kann nicht durchfließen. Der Mensch kann in seinem besten »Informationsalter« – das ist etwa mit 16 bis 18 Jahren – ca. 16 bit Information pro Sekunde bewußt aufnehmen. Das bit ist eine Meßzahl aus der Informationstheorie. Was mit fünfzig Prozent Wahrscheinlichkeit vorausgesagt werden kann, hat gerade den Informationsgehalt von 1 bit. Der Münzwurf zum Beispiel hat diese Aussage: Bevor Sie werfen, können Sie mit fünfzig Prozent Wahrscheinlichkeit der Richtigkeit voraussagen, ob Kopf oder Adler oben liegen wird.

Als wichtigster Ansatz, Konzentrationsprobleme zu beheben, wurde festgestellt, daß Sie immer nur eine Aufgabe erledigen sollten, und daß alles andere nur vom Thema ablenkt. Man könnte sich nun vorstellen, daß diese Aussage im Widerspruch zu der Aussage über die Kanalkapazität steht. Zum Beispiel könnten Sie Radio hören und *zugleich* ein Buch lesen. Stellt man sich das Gehirn als Kiste vor, in die die Informationen als Kugeln eingefüllt werden, so stimmt diese Aussage dann, wenn mehrere Kanäle, zum Beispiel jeweils von den verschiedenen Sinnesorganen ausgehend, zur Kiste führen.

Die Informationspsychologie ist inzwischen zu einem anderen Modell gelangt, das besagt, daß die Kanäle – bei gleichbleibender Kapazität – zusammenlaufen, so daß dem Gehirn immer nur die Menge an Information zugeführt werden kann, die der Kapazität *eines* Kanals entspricht – unabhängig davon, woher diese Information kommt.

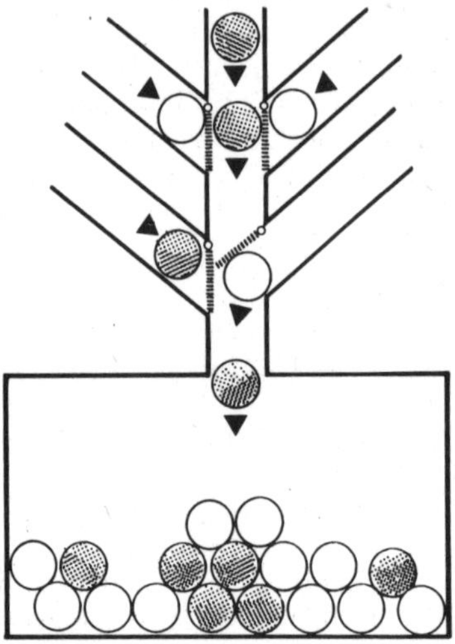

Modell der Informationsübermittlung an das Gehirn. Bei zusammenlaufenden Kanälen kann immer nur eine Informationskugel Durchlaß finden, die anderen müssen warten. Im Modell kann man sich dazu ein Klappensystem denken.

Was von den »Informationskügelchen« in der »Gehirnkiste« ankommt, ist nur ein kleiner Teil der tatsächlich wahrgenommenen Information. Von etwa 3 Millionen pro Sekunde perzipierten, d. h. wahrgenommenen Informationszeichen, dringen nur maximal die erwähnten 16 Zeichen pro Sekunde durch; sie werden, wie der Informationspsychologe sagen würde, apperzipiert. Das heißt aber nichts anderes, als daß ein ungeheurer Abbau aller unwesentlichen Informationen und dann immer noch eine starke Auswahl erfolgen muß, damit die vorhandene Kanalkapazität nicht überschritten wird. Man nennt diesen Prozeß Informationsverdichtung.
Wenn Sie also nur einen Bruchteil dessen, was Ihre Sinnesorgane pro Sekunde wahrnehmen, in Ihr Bewußtsein bringen können, dann wirkt jedes nicht zur Sache gehörende »Informationskügelchen« nur als Störfaktor. Und deshalb sollen Sie eben alles was Sie tun, auch richtig tun, Sie sollen also alle zusätzlichen Informationsquellen wegschalten.
Noch drastischer bestätigt sich die Richtigkeit der »Nicht-alles-auf-einmal«-Theorie, wenn wir noch einen Schritt weiter gehen. Der ins Bewußtsein gebrachte Informationsgehalt wird nämlich nur zu einem geringen Teil gelernt. Das Kurzzeitgedächtnis nimmt je Sekunde nur etwa 0,7 bit Information auf, das Langzeitgedächtnis sogar nur noch etwa 0,05 bit pro Sekunde. Geraten nun die falschen »Kügelchen« mit in den Speicher, so wird die vorhandene Lernkapazität zwar ausgenutzt, aber nicht mit den Inhalten, die Sie tatsächlich brauchen, sondern nur mit überflüssiger Information.
Dieser kurze Ausflug in die Informationstheorie war notwendig, um Ihnen den Zusammenhang zwischen bewußter Aufmerksamkeit und genauer Beobachtung – das bedeutet Erkennen der wesentlichen Informationen –, optimaler Auslastung der Kanalkapazität – das bedeutet Weiterleitung der wesentlichen Information ohne Störgrößen – und Lernmöglichkeit aufzuzeigen.
Das vorliegende Trainingsprogramm stellt auf diese Zusammenhänge ab. In den Trainingsfeldern ist jeweils angegeben, ob es sich um eine Konzentrations-, Beobachtungs- oder Gedächtnistrainingsaufgabe handelt. Nun kennen Sie den Zusammenhang und wissen, daß die Aufgabe vielleicht einen dieser Faktoren besonders betont, daß aber automatisch die anderen Be-

reiche mitangesprochen werden. Das ganze Programm wird aber verpuffen, wenn Sie nicht sofort die praktische Nutzanwendung für den Alltag – das heißt also jede Tätigkeit des täglichen Lebens – dieser Aufgabenstellung unterwerfen.
Dazu wollen wir Ihnen nun Hilfestellungen geben, die nicht als bloße Theorie im Raume stehen, sondern Auswirkungen auf Ihr Verhalten haben können.
Ein wesentliches Problem sind äußere Störfaktoren, wenn Sie sich mit einer Aufgabe beschäftigen. Zum Beispiel: Sie diktieren einen Brief. Und nun klingelt das Telefon. Sie hatten sich vorgenommen, immer nur eine Aufgabe zu erledigen, und sich nicht davon abbringen zu lassen. Es wäre unrealistisch zu verlangen, Sie sollten das Telefon nun einfach klingeln lassen. Aber wenn Sie mitten im Satz abbrechen und sich der neuen Aufgabe zuwenden, so ist nicht nur das Diktat unterbrochen, sondern auch noch Ihr guter Vorsatz, konzentriert zu arbeiten, gestört. Lösung: Sie wenden sich bewußt der neuen Aufgabe zu – und das heißt automatisch: Sie beenden die vorher durchgeführte Arbeit bewußt. Nicht indem Sie einfach alles stehen und liegen lassen, sondern indem Sie sich eine Notiz machen, welchen Gedanken Sie als nächsten formulieren wollten, oder wie weit Sie gekommen sind.
Ist das Telefonat abgeschlossen, so wird diese Aufgabe erst richtig zu Ende geführt, bevor Sie sich wieder Ihrem Brief zuwenden. Sie machen sich also die erforderlichen Notizen in Ihren Tagesplaner oder schreiben die Maßnahmen, die Sie treffen müssen, wiederum auf einen Notizzettel.
Sehr wichtig ist diese Vorgehensweise dann, wenn Sie in einem Gespräch von Ihrem Thema abgebracht werden. Zum Beispiel: Sie erläutern in einer Besprechung ein bestimmtes Verfahren. Und nun werden Sie durch eine Zwischenfrage unterbrochen! Nur um sich nicht aus dem Konzept bringen zu lassen die Frage zu ignorieren, ist sicher lebensfremd. Auf der anderen Seite aber stehen Sie, wenn die Zwischenfrage – die womöglich in eine kurze Diskussion ausartet – beantwortet ist, da, und Sie haben Ihren Faden verloren. Bauen Sie sich Ihre Brücke, indem Sie wieder die neue Aufgabe bewußt anpacken – und damit eben auch die alte Aufgabe bewußt abschließen. Entweder Sie prägen sich ein Stichwort ein – oder Sie machen sich ein deutliches Merkzeichen in Ihrem Manuskript.

Glauben Sie nicht, daß im Gespräch, in der Verhandlung oder sogar bei der öffentlichen Diskussion nach einem Vortrag die Zeit fehlen würde, sich Stichworte einzuprägen, oder wenn das nichts hilft, sich Notizen zu machen. Wenn Ihnen diese Zeit nicht gegeben ist, so schaffen Sie sich den notwendigen Abstand. Zum Beispiel indem Sie den Zwischenrufer seinen Einwand wiederholen lassen. Sie haben dann Zeit, sich nicht nur das Stichwort für den späteren Fortgang einzuhämmern, sondern Sie können bereits über die Antwort, die Sie geben werden, nachdenken.
Ein Problem, mit dem Sie vielleicht Schwierigkeiten haben, sind Namen. Namen, bei einer Vorstellung undeutlich gemurmelt, vielleicht ein paar Sekunden im Gedächtnis haftend, werden sofort vergessen. Und später kommt die peinliche Situation, daß Sie nicht wissen über wen gesprochen wird, obgleich Ihnen der Betroffene vorgestellt wurde, oder daß er Sie vielleicht anruft, und Sie wissen mit dem Namen nichts anzufangen.
Wenn das passiert, haben Sie wieder einmal gegen die Grundregel verstoßen: Jede Aufgabe richtig lösen und alles bewußt tun. Murmelt jemand bei einer Vorstellung nur undeutlich, so bitten Sie ihn doch, seinen Namen noch einmal zu wiederholen. Sehen Sie sich Ihr Gegenüber genau an. Welches Merkmal ist besonders auffallend? Vielleicht ein ausgefallener Akzent, abgetretene Schuhe, oder eine schiefe Nase, eine besonders gepflegte Frisur? Bevor Sie sich etwas anderem zuwenden, hämmern Sie sich die neue Information ein: Fräulein Müller lacht fröhlich und natürlich.
Wenn Sie diese Vorgehensweise auf alle Vorgänge Ihres Lebens anwenden, so werden Sie sehr bald auf das Kernproblem stoßen:

Das Interesse.

Aufgaben, die interessant sind, werfen weniger Konzentrations- und Gedächtnisprobleme auf, als die Dinge, die Sie tun müssen, ob Sie wollen oder nicht.
Da hilft nur der kleine Trick, sich selbst in die Tasche zu lügen: Dinge, die nicht in irgendeiner Form interessant sind, gibt es nicht. Lernen Sie, jedem Detail seinen Reiz abzugewinnen. Dazu ist genaue und bewußte Beobachtung notwendig. Star-

ren Sie nicht in die Umwelt, sondern beobachten Sie genau, was vor sich geht. Lauschen Sie auf Geräusche und versuchen Sie, sie zu unterscheiden. Schnuppern Sie, wenn Sie in einen Raum, ein Bahnabteil oder in ein fremdes Auto kommen, ob Ihnen die Gerüche vertraut oder sympathisch vorkommen. Die konsequente Schulung Ihrer Beobachtungsfähigkeit ist ein wichtiger Teil des Konzentrationstrainings.

Das Wort Konzentration enthält den Begriff *konzentrisch*, das heißt »mit gemeinsamem Mittelpunkt«. Konzentrieren heißt also, alle Gedanken zu einem gemeinsamen Sammelpunkt lenken. Glauben Sie bitte nicht, daß sich dadurch das Tempo Ihres Alltags verlangsamen würde. Ein Manager, der *zugleich* Notizen macht, telefoniert, Kaffee trinkt und noch mit der Sekretärin flirtet, erledigt keine Aufgabe richtig. Hätte er nur eine dieser Tätigkeiten voll und ganz erledigt, dann wäre schon etwas Positives geschaffen.

Erläuterung der Übungen

K = Konzentrationsübung

B = Beobachtungsübung/Schulung der Aufmerksamkeit

E = Erinnerungsübung/Gedächtnistraining

Über jeder Seite finden Sie eine Kopfleiste. Die Zahl neben der Abkürzung für die Art der Übung (K, B oder E, siehe oben) ist die laufende Nummer. Diese brauchen Sie, wenn Sie Ihre Lösung kontrollhalber mit dem Lösungsschlüssel am Ende des Buchs vergleichen wollen.

Beispiel:

K3	**3 min.**	**S5**
↑ *Übungsart* ↑ *lf. Nr.*	↑ *Zeit*	↑ *Schwierigkeitsstufe*

Konzentrationsübung 3, 3 Minuten Zeit, Schwierigkeitsstufe 5 (1 ist am leichtesten, 5 am schwierigsten).

Und nun an die Arbeit. Setzen Sie **alle** Tätigkeiten im Terminplan ein, und nehmen Sie das Trainingsbuch während der nächsten vier Wochen stets mit sich, damit Sie ständig an Ihre Aufgabe erinnert werden:

Jede Aufgabe bewußt erledigen und keine Aufgabe beginnen, bevor die vorhergehende abgeschlossen ist – und sei es auch nur als Zwischenabschluß.

1.
TAG

K1 | **¾ min.** | **S1**

Kreuzen Sie jeweils die Paare an, die genau gleich sind. Finden Sie heraus, wie viele Paare es sind.

HNNHOPR HHNHOPR	1069699 1096999
PRRBPBS PRRBPBS	2274804 2274904
IILITLILH ILIITLILH	99039839 99039839
BDCODUV BDCCDUV	77742374 77743374
NHMWVVO NHMWVVO	64646434 64643463
HAHNNMH HAHNNMH	22399395 22339395
SXRPOÖYV SXRPOÖYV	56783901 56738901
EFFELFEL EFFELFEL	889988669 889988669

Anzahl: ___________

B1 | **¾ min.** | **S3**

In welcher Richtung dreht sich das Riesenrad?

E1 | **¾ min.** | **S1**

Wenn Sie durch die Stadt laufen oder mit Fahrrad oder Auto durchfahren, begegnen Ihnen sehr viele Wagen mit dem Kennzeichen Ihrer Heimatstadt. Wenige Autos nur kommen von auswärts. Zwei Autokennzeichen von fremden Städten merken Sie sich. Prägen Sie sich die Buchstaben und Zahlen genau ein.

Damit Sie später eine Kontrolle haben, notieren Sie sich die Nummern im Tagesplaner.
Am Abend versuchen Sie dann die Nummern hier aufzuschreiben. Kontrollieren Sie sich anhand der Notierung im Tagesplaner.

1. Nummer: ___________ ___________ ___________

2. Nummer: ___________ ___________ ___________

2. TAG

K2 | **1 min.** | **S4**

In dem blau-weißen Feld sollten alle Zahlen fortlaufend von 1 bis 29 mit Kugelschreiber- oder Bleistiftstrich verbunden werden. Wichtig dabei ist volle Konzentration und ein Vorspeichern der Lage der folgenden Zahlen.
Wenn Sie also z. B. die Zahl 5 suchen, begegnet Ihrem Auge vielleicht schon die 6 und 7. Merken Sie sich die Lage, um dann schneller die nächsten Zahlen zu finden.

B2 | **1½ min.** | **S3**

Zeichnen Sie die vorgegebene Figur spiegelbildlich nach.

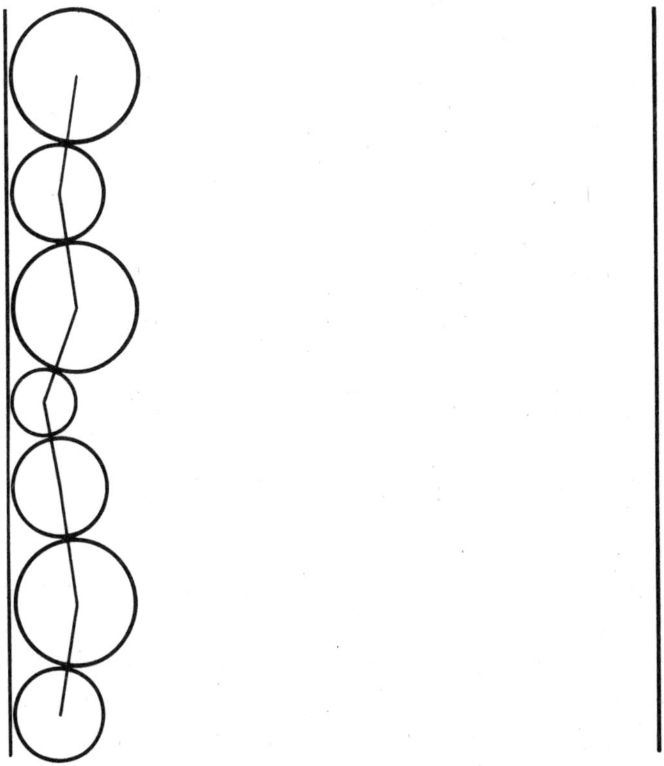

E2 | **3 min.** | **S3**

Jeder Tag steckt voller Termine und Aufgaben, die dringend erledigt werden müssen.
Vor zwei Tagen haben Sie mit dem Trainingsprogramm begonnen. Sie haben den Tagesplaner benutzt und die verschiedensten Aufgaben gelöst.
Erinnern Sie sich noch an den Tag, bevor Sie mit dem Programm begonnen haben?
Und was geschah alles am ersten Tag des Trainingsprogramms?

Nicht im Kalender nachsehen!

Letzer Tag vor dem Training	Gestern
1 ______	1. ______
2. ______	2. ______
3. ______	3. ______
4. ______	4. ______
5. ______	5. ______
6. ______	6. ______
7. ______	7. ______
8. ______	8 ______
9. ______	9. ______
10. ______	10. ______

3.
TAG

E3 | 1½ min. | S2

Die hier abgebildeten Linien sollen aus dem Gedächtnis nachgezeichnet werden. Prägen Sie sich also den Verlauf genau ein.

Zeichnen Sie auf Seite 39.

1. 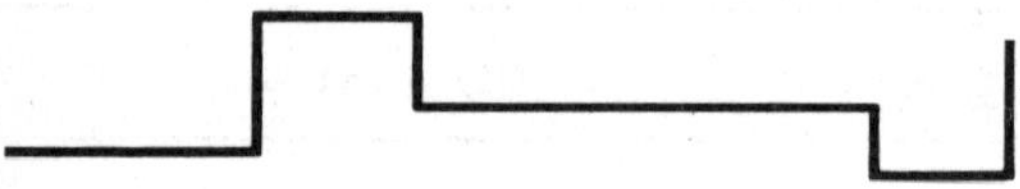

2. 

3. 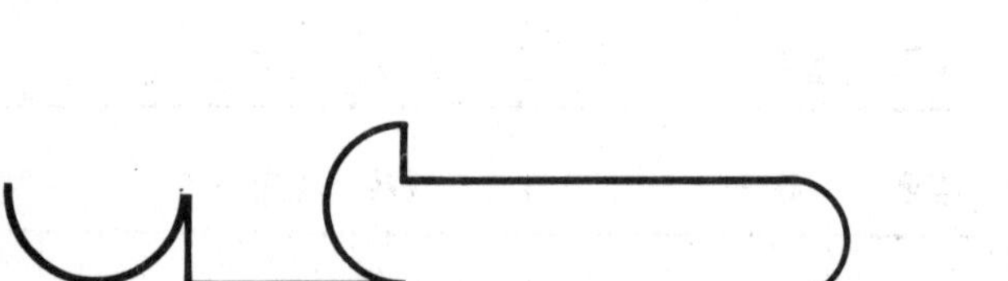

K3	1½ min.	S4

Die Rechenzeichen haben eine andere Bedeutung!

\+ bedeutet dividieren
− bedeutet multiplizieren
: bedeutet subtrahieren
× bedeutet addieren

9 + 9 =	99 + 11 =
7 − 6 =	17 − 3 =
5 : 5 =	56 × 4 =
8 × 3 =	33 + 11 =
10 − 10 =	77 × 23 =
12 × 12 =	73 : 12 =
23 − 10 =	59 − 1 =
67 : 67 =	0 × 37 =
24 : 6 =	78 + 39 =

B3 | **½ min.** | **S3**

Wie alt glauben Sie, ist die hier abgebildete Frau?
Schätzen Sie ihr Alter! Auf fünf oder acht Jahre soll es nicht ankommen.

Die Frau ist etwa __________ Jahre alt.

Schauen Sie bitte bei den Lösungen nach.

E3 | **1 min.** | **S2**

Zeichnen Sie hier die Linien von Aufgabe E 3 nach. Erst zurückblättern, wenn Sie alle 3 Zeichnungen fertiggestellt haben!

1.

2.

3.

4.
TAG

E4 | **1 min.** | **S3**

Sie sehen hier verschiedene Gegenstände aus dem Alltagsleben abgebildet. Betrachten Sie sie ganz genau. Versuchen Sie sich so viele wie möglich einzuprägen, denn wenn die Zeit abgelaufen ist, sollen Sie auf der Seite 44 alles wieder aufschreiben, was Ihnen noch erinnerlich ist.

K4 | **1½ min.** | **S1**

Aus den hier stehenden Buchstaben sollen Sie Worte bilden. Die Worte sind vorgeschrieben, da nur die darunterstehenden Zahlen Ihnen angeben, welches Wort gefragt ist.
Beachten Sie die Zeitvorgabe. Nur wenn die Aufgabe innerhalb der Zeit gelöst wird, hat sie den gewünschten Erfolg.

R	E	S	T	A	U	R	A	N	T
1	**8**	**10**	**4**	**5**	**9**	**3**	**7**	**2**	**6**

Welches Wort finden Sie bei der Zahlenkombination:

4, 7, 3, 6, 5, 1: ______________________

7, 9, 10, 6, 8, 3: ______________________

10, 5, 6, 9, 3, 2: ______________________

6, 9, 1, 2, 8, 3: ______________________

2, 7, 4, 6, 8, 1: ______________________

5, 1, 3, 8, 10, 4: ______________________

4, 1, 5, 9, 8, 3: ______________________

10, 4, 5, 6, 9, 8: ______________________

Wie viele Worte können Sie sonst noch aus dem Wort RESTAURANT bilden? Mindestens 40 sollten Ihnen innerhalb von 10 Minuten einfallen.

B4 | **1 min.** | **S2**

Können Sie diesen Text lesen, obwohl die untere Hälfte der Zeilen abgeschnitten ist?

ANALYSE DER LESEERWARTUNG

ES BESTEHT EIN BETRÄCHTLICHER UNTERSCHIED, OB SIE AN EINEN KRIMI, AN EINEN ROMAN ODER AN FACHLEKTÜRE HERANGEHEN. IN DEN BEIDEN ERSTEN FÄLLEN LESEN SIE ZU IHREM VERGNÜGEN. FACHLEKTÜRE – WOBEI DIESER BEGRIFF SO UMFASSEND GEMEINT SEIN SOLL WIE MÖGLICH – IST IHR TÄGLICHES MUSS. BEI DIESER ART VON TEXTEN HABEN SIE EIN KLARES ZIEL VOR AUGEN: SIE MÜSSEN ENTWEDER EINEN SACHVERHALT KENNENLERNEN (ZEITUNG, ZEITSCHRIFT, POST), SICH ÜBER VERÄNDERUNGEN IN IHREM FACHGEBIET INFORMIEREN ODER NEUES DAZULERNEN (FACHZEITSCHRIFTEN, SACHBÜCHER, FACH- UND LEHRBÜCHER).
ES WÄRE NUN FALSCH, GLEICH DRAUFLOS ZU LESEN. ES KLINGT ZWAR PARADOX UND TROTZDEM IST ES SO: JE MEHR ZEIT SIE VOR DEM LESEN FÜR DIE VORBEREITUNG AUFBRINGEN, UM SO KÜRZER WIRD DAS LESEN SELBST WERDEN.

Entnommen aus: Tom Werneck/Frank Ullmann DYNAMISCHES LESEN erschienen in der Reihe KOMPAKTWISSEN, Heyne Verlag

E4 | **2 min.** | **S3**

Wie viele Gegenstände aus Aufgabe E 4 fallen Ihnen wieder ein?
Mindestens fünf der zehn abgebildeten sollten Sie noch aufschreiben können.

1. ______________________________
2. ______________________________
3. ______________________________
4. ______________________________
5. ______________________________
6. ______________________________
7. ______________________________
8. ______________________________
9. ______________________________
10. ______________________________

5.
TAG

K5 | **¾ min.** | **S3**

Unterstreichen Sie in der folgenden Buchstabenkombination alle m

xgqeztmavldhsutipbxmjhdretwituncmmdfadtruroepwnsahbendkl

rdgovceniatxumlhwyeniatxumlhwyrdgovcbfskpzumlhwydredrnrij

umlhwrdgoenaibfskniatxmlhwyeniatrdgovniatxbfkspzumlheniaed

lhwydgovceniatmlhwfskdegovumlhweniatrdgocvmdnerdgoenneih

slotizerjlajfbnsmbcvsahrzrioegdnvbcnvbvfehrjkwmkdgetijfzrugak

umlhywrdgovceniatxrdgovcbfskpzumlhwyrdgocvmlhwdgognmogj

dgoveniatxbfskpzumclhwyrdgovcmdnrdgovceniatxmurdgndemeli

Anzahl der unterstrichenen m: ___________

B5 | **½ min.** | **S1**

Eine arg verworrene Sache.
Vom Start zum Ziel verfolgen Sie diese Linie nur mit ihren Augen. Verwenden Sie kein Hilfsmittel (Bleistift, Finger).

Welches Ziel erreichen Sie?

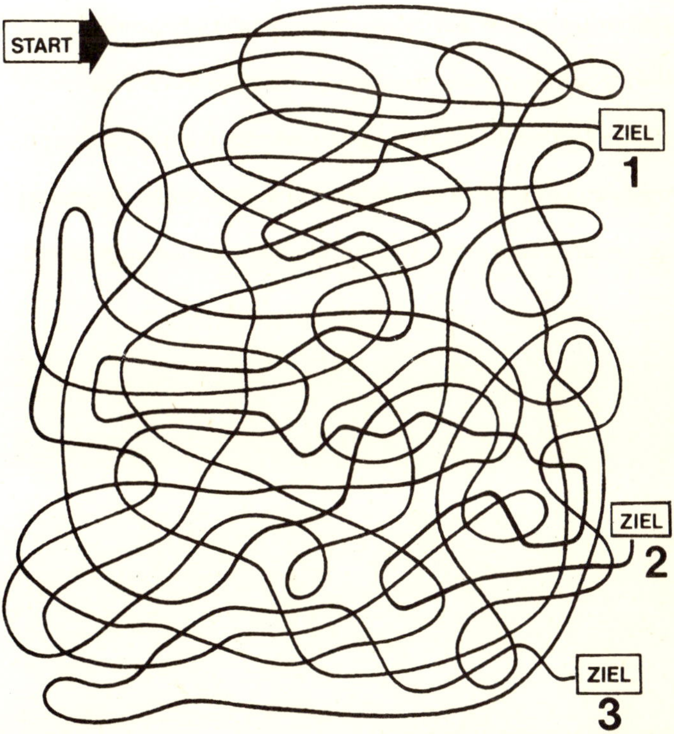

E5	1½ min.	S4

Erinnern Sie sich noch an die Übung E 4?
Wie viele Gegenstände bringen Sie noch aufs Papier?

1. __________
2. __________
3. __________
4. __________
5. __________
6. __________
7. __________
8. __________
9. __________
10. __________

Erst wenn Ihnen gar nichts mehr einfällt, können Sie zurück zu Seite 41 blättern.

6. TAG

K6 **1 min.** **S1**

Mit welcher Zahl lassen sich die folgenden Zahlenreihen logisch fortsetzen? Wie heißen die beiden nächsten Zahlen in der Reihe? Schreiben Sie die Gesetzmäßigkeit, nach der Sie vorgehen, auf.

1. 3, 5, 7, ________

2. 2, 4, 8, 16, ________

3. 45, 36, 27, ________

4. 3, 6, 5, 10, 9, ________

5. 2, 2, 3, 5, 8, ________

6. 288, 144, 148, 74, 78, ________

B6 | **3 min.** | **S2**

Auf dem Weg zu oder von Ihrer Arbeitsstätte oder auf Ihrem Einkaufsweg benutzen Sie mehrere Straßen, passieren Plätze oder markante Gebäude.
Zählen Sie alles auf, was Ihnen einfällt.
Schreiben Sie der Reihe nach auf, wie Ihr Weg verläuft:

1. ____________________

2. ____________________

3. ____________________

4. ____________________

5. ____________________

6. ____________________

7. ____________________

8. ____________________

9. ____________________

10. ____________________

11. ____________________

12. ____________________

13. ____________________

14. ____________________

E6 | **4 min.** | **S3**

Eine Übung, die Ihnen vielleicht aus der Jugendzeit bekannt ist, ist die sogenannte »Gefüllte Kalbsbrust«. Bei diesem kleinen Spiel, das Sie auch gegen eine oder mehrere Personen spielen können, kommt es darauf an, Worte zu finden, die mit vorgegebenen Buchstaben beginnen und enden.

K		**N**
O		**O**
N		**I**
Z		**T**
E		**A**
N		**R**
T		**T**
R		**N**
A		**E**
T		**Z**
I		**N**
O		**O**
N		**K**

Das Ausgangswort KONZENTRATION darf nicht benutzt, jedes Wort nur einmal geschrieben werden.

7. TAG

K7 | **3 min.** | **S4**

Alle Kreise haben die Punktzahl 1 (eins). Alle Dreiecke sind 5 Punkte wert.
Alle Rechtecke haben den Wert – 10 (minus 10)
Welche Zahl kommt heraus, wenn Sie die Rechnung ausführen?
Symbole, die benützt wurden, dürfen ausgestrichen werden. Die Rechnung selbst ist einfach und sollte im Kopf ausgeführt werden.

B 7 | **2 min.** | **S 2**

Sie erinnern Sich noch an Übung B 6?
Sie sollten dort verschiedene Dinge aufzählen, die Ihnen auf bestimmten, immer wieder gegangenen Wegen auffallen. Sicherlich sind Sie schon bei Ihrem nächsten Gang aufmerksamer gewesen. Schreiben Sie jetzt alle Dinge auf, die auf dem gleichen Gang passiert werden.

Bitte in umgekehrter Reihenfolge!

1. ______________________
2. ______________________
3. ______________________
4. ______________________
5. ______________________
6. ______________________
7. ______________________
8. ______________________
9. ______________________
10. ______________________
11. ______________________
12. ______________________
13. ______________________
14. ______________________
15. ______________________

E7	2 min.	S3

Fast täglich hören Sie im Radio die neuesten Nachrichten; sehen im Fernsehen die Tagesberichte. Hören Sie bei der nächsten Sendung aufmerksam zu.
Nehmen Sie Ihren Kugelschreiber zur Hand und schreiben Sie alle Meldungen auf, die Ihnen einfallen, nachdem der Sprecher geendet hat. Durchschnittlich hat eine 5-Minuten-Nachrichtensendung 12 Meldungen. Wie viele Meldungen des Tagesgeschehens bringen Sie noch zusammen?

1. __________
2. __________
3. __________
4. __________
5. __________
6. __________
7. __________
8. __________
9. __________
10. __________
11. __________
12. __________

8.
TAG

K8 | **1½ min.** | **S5**

Die folgenden Worte sind alphabetisch geordnet. Schauen Sie sich die Reihe gut an! Prägen Sie sich die Worte ein! Auf Seite 60 sollen Sie diese Worte wieder aufschreiben.

Akrobat

Bluthund

Chiffre

Dynamisches Lesen

Einfuhr

Flechtwerk

Grundgesetz

Hormone

Ionosphäre

Junggeselle

Kartoffel

Leuchtstoff

Metamorphose

Nesthocker

Oberbefehlshaber

Parole

Quadrat

Ratifikation

Sachbuch

Transpiration

Umweltschutz

Vorlauf

Weinrebe

X-Beine

Yen

Zorn

Lassen Sie nun mindestens eine Stunde Zeit vergehen. Nehmen Sie sich dann die Worte noch einmal vor – aber nur 30 Sekunden lang. Das genügt, um die Liste noch einmal in Ruhe durchzulesen. Erst dann sollten Sie auf Seite 60 übergehen.

B8 | **3 min.** | **S3**

Legen Sie eine Schallplatte oder eine Tonbandkassette mit Orchestermusik auf, die Sie kennen und mögen. Schließen Sie die Augen oder betrachten Sie die Mandala. Konzentrieren Sie sich darauf, ein bestimmtes Instrument herauszuhören und zu verfolgen.

E8	2 min.	S5

Wie viele Worte der Übung K 8 können Sie noch notieren?

A ______________________ N ______________________

B ______________________ O ______________________

C ______________________ P ______________________

D ______________________ Q ______________________

E ______________________ R ______________________

F ______________________ S ______________________

G ______________________ T ______________________

H ______________________ U ______________________

I ______________________ V ______________________

J ______________________ W ______________________

K ______________________ X ______________________

L ______________________ Y ______________________

M ______________________ Z ______________________

9.
TAG

E9 | **1 min.** | **S3**

Zeichnen Sie ohne zurückzublättern aus dem Gedächtnis die Lage der Quadrate nach. Erst wenn Sie glauben, alles richtig gemacht zu haben, können Sie nachsehen.
Die oben angegebene Zeit reicht für das Betrachten und Einprägen der Zeichnung aus.

Zeichnen Sie auf Seite 66.

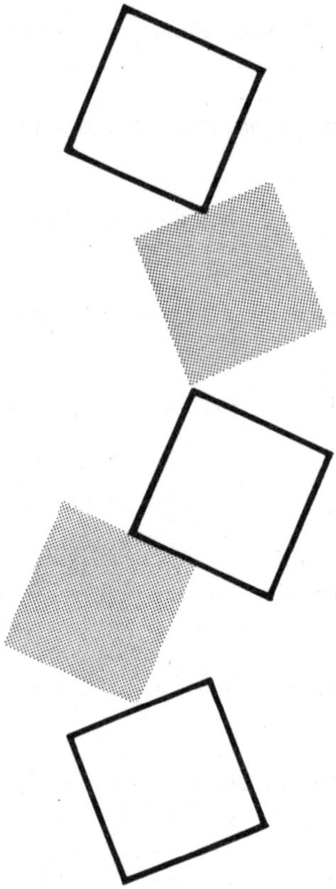

K9 | **1¼ min.** | **S3**

Lesen Sie den folgenden Text. Jeweils unter den Buchstaben E, gleichgültig ob groß oder klein geschrieben, setzen Sie ein x (Kreuz). Unter den Buchstaben O bzw. o setzen Sie ein △ (Dreieck).

Eigentlich merkwürdig: Alle Prozesse unseres Lebens unterliegen einer ungeheuren Beschleunigung. Nur unser Leseverhalten hat sich nicht geändert. Wir lesen nicht schneller, als es bereits unser Urgroßvater tat, und wir nehmen nicht einmal darauf Rücksicht, ob ein Text schwer oder leicht ist – das Tempo bleibt stets mehr oder weniger konstant.

Die Informationsflut dagegen wächst ständig an, und der Mensch ist gezwungen, sich auf immer kleiner werdende Spezialgebiete zurückzuziehen, um wenigstens in seinem Fach auf dem laufenden zu bleiben. Das Wissen der

Menschheit, das noch vor rund 200 Jahren in einem Gehirn Platz gefunden hätte, hat sich in der Zwischenzeit so gewaltig ausgedehnt, daß man nicht mal mehr in der Lage wäre, alles Neue eines Jahres aufzunehmen.

Das Dynamische Lesen, das wir nun schon seit mehreren Jahren in Deutschland mit großem Erfolg in Spezialkursen unterrichten, soll und kann nicht ein Nürnberger Trichter sein, mit dem es möglich wäre, ungeheure Mengen an Wissen in kürzester Zeit aufzunehmen. Aber es soll dem einzelnen helfen, in seinem Fachbereich auf dem laufenden zu bleiben, seine tägliche Zeitung zu lesen, die Literatur seines Hobbys zu bewältigen und noch Zeit zu finden, hin und wieder einmal einen Roman zu genießen.

Anzahl der +: ____________

Anzahl der △: ____________

Entnommen aus: Tom Werneck/Frank Ullmann DYNAMISCHES LESEN, erschienen in der Reihe KOMPAKTWISSEN, Heyne Verlag.

B9 | **1 min.** | **S1**

Diese Röhre steht entweder senkrecht und Sie können von oben hineinschauen. Oder sie liegt waagerecht und Sie blicken von vorne hinein. Bei dieser Übung geht es darum, den Kippeffekt herbeizuführen. Während einer Minute sollen Sie versuchen, den Eindruck – Einblick von oben oder von vorne – möglichst oft hin und her kippen zu lassen.

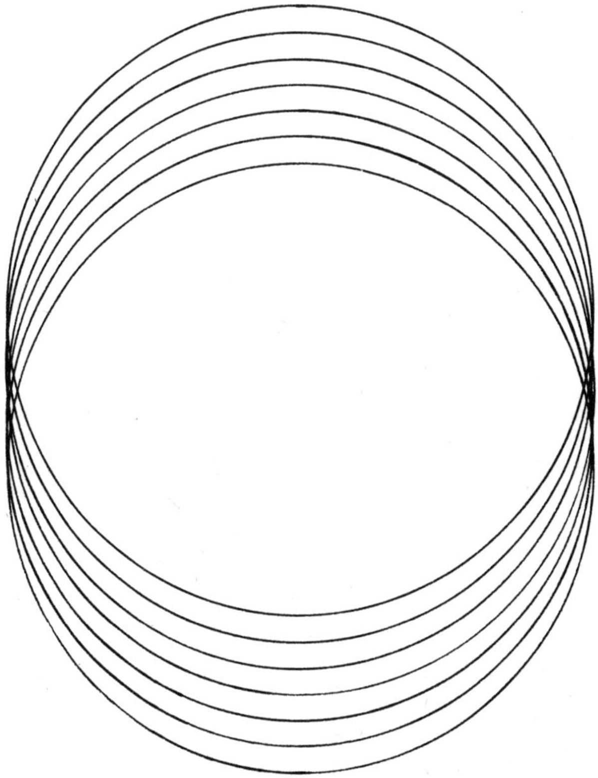

E9 | **1½ min.** | **S3**

Zeichnen Sie hier die Lage der Quadrate aus Aufgabe E 9. Die Proportionen müssen nicht stimmen. Worauf es ankommt, ist die Zuordnung!

10. TAG

K10 **4 min.** **S5**

Prägen Sie sich die Lage der Zeichen genau ein. Versuchen Sie eine Ordnung zu erkennen und geben Sie die Zeichen auf Seite 70 wieder!

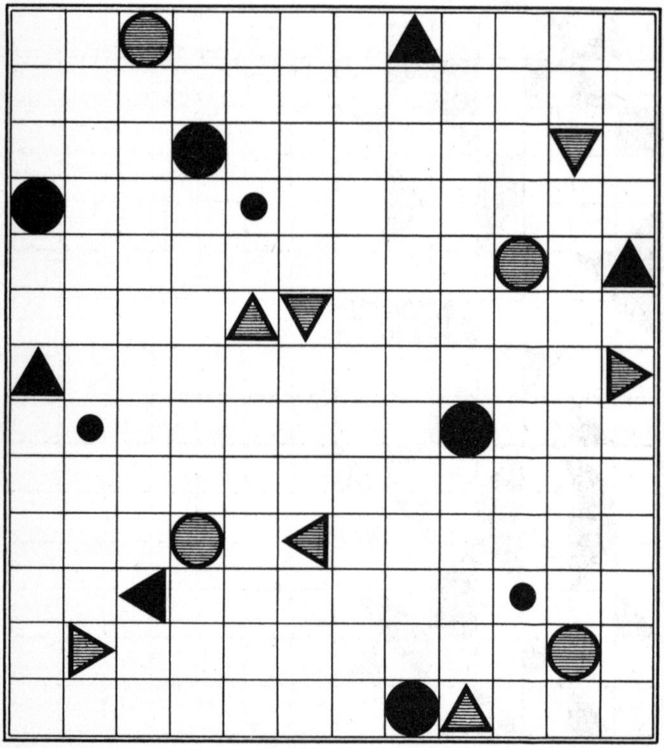

B10 | **3 min.** | **S3**

Die rechte Hälfte der Kästchen ist frei. Übertragen Sie die einfache Zeichnung spiegelbildlich auf die rechte Seite. Auf zeichnerische Qualität kommt es dabei nicht an. Dafür um so mehr auf die genaue und aufmerksame Beobachtung!

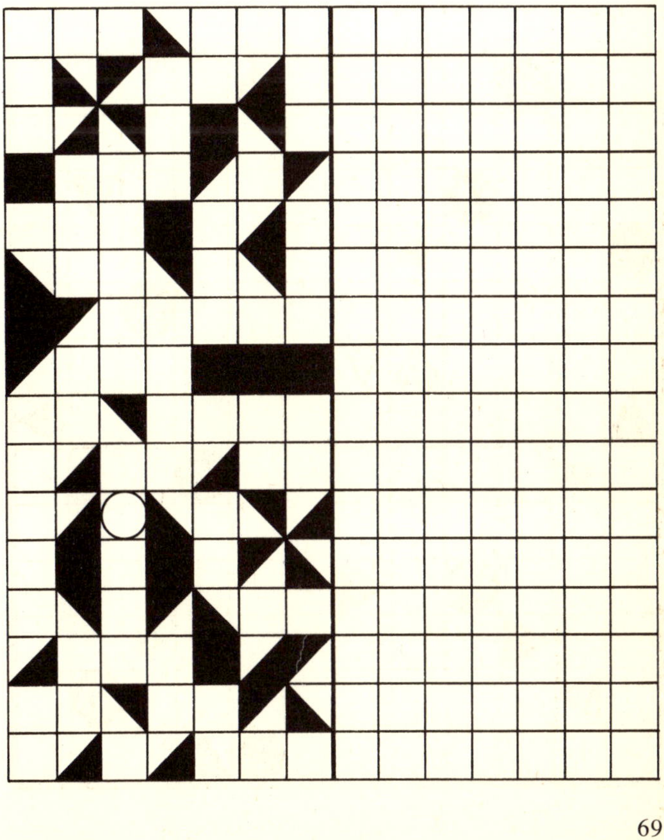

E10 | 5 min. | S5

Können Sie die Lage der Dreiecke und Punkte aus der Übung K 10 wieder einzeichnen? Blättern Sie erst, wenn Sie glauben, alles richtig gelöst zu haben.

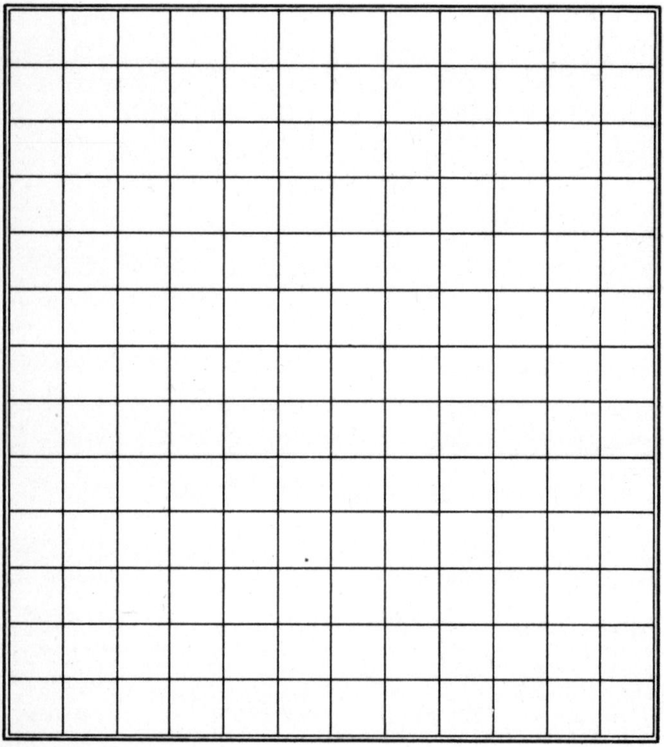

11.
TAG

K11 **5 min.** **S5**

Den folgenden Textauszug lesen Sie bitte aufmerksam. Während des Lesens sollen Sie aber jeweils unter den Buchstaben e eine 3, unter den Buchstaben m eine 7 und unter den Buchstaben o eine 5 setzen.

e	m	o
3	7	5

»Wir werden den Wettlauf in das Jahr 2000 gewinnen!« behaupten viele Japaner. Der japanische Ökonom und Trendanalytiker, Professor Osamu Shimomura, sagt zum Beispiel: »Wir werden die gesamte Produktion der Sowjetunion schon 1980 übertreffen, wenn man den militärischen Sektor nicht mitrechnet. Einschließlich der militärischen Ausgaben werden wir das Bruttosozialprodukt der Sowjets erst 1985 überholen.« Das wäre dann die Überrundung der Weltmacht Nummer 2.

Und was haben die zur Spitze drängenden Japaner mit den USA im Sinn? Die Prognostiker im japanischen Finanzministerium wissen auch darauf eine Antwort: »Wir können die Amerikaner im Pro-Kopf-Einkommen schon 1984 schlagen« [95]. Und überholen wollen die Japaner die USA etwa im

Jahr 2004 [96]. Versuchen wir nun, etwas mehr Realistik gegen solche allzu optimistisch anmutenden Prognosen zu stellen, um nicht nur ein japanisches Zukunftsbild von der dritten Weltmacht im Fernen Osten zu bekommen. Wir werden danach erkennen, daß auch Japans Bäume nicht in den Himmel wachsen.

»Überhitzung« oder »Depression«?

Fragen wir erst nach den Chancen eines weiteren wirtschaftlichen Aufstiegs. Wird er im gleichen Tempo wie bisher weitergehen? Die meisten Japan-Experten nehmen dies an, wenn auch mit unterschiedlicher Begründung bzw. vielen Hinweisen auf veränderte Voraussetzungen oder dringende Anpassungen an neue Bedingungen. Nur der amerikanische Futurologe und Direktor des Hudson-Instituts, Herman Kahn, glaubt an eine konsequente weitere Zuwachsrate von 12 bis 14 Prozent und vertritt die Ansicht, daß Japans Wirtschaft ohne Zeichen von Überhitzung weiterwachsen kann. Lediglich, so schränkt Kahn ein, ein rapider Wandel in Japans Außenposition werde der japanischen Volkswirtschaft neue Probleme bringen und das Bruttosozialprodukt etwas zurückschrauben. Derselbe Herman Kahn, der in seinem neuesten Buch mit dem euphorischen Titel »Bald werden sie die ersten sein«? [97] ein viel gerühmtes, aber auch ebensoviel kritisiertes »Zukunftsmodell« Japans im Jahr 2000 zeichnete, gab aber in einem früheren Buch auch zu bedenken [98]:

Weil Japan die vielleicht am stärksten auf Erfolg ausgerichtete Kultur der Geschichte und einen starken Drang nach Prestige besitzt, aber auch aus sozialen, politischen und wirtschaftlichen Gründen, werden die japanischen Wachstumsraten bis zur Jahrhundertwende weiterhin hoch bleiben (um 8 Prozent). Sollte sich jedoch zu irgendeinem Zeitpunkt eine ernsthafte Depression ergeben, so würde das höchst bedeutsame Folgen für die japanische Innenpolitik haben. Ein scharfer Ruck nach rechts oder links oder zu einer Gruppe, die außerhalb dieser Einteilung steht (wie etwa Sokagakkai und Komeito), wäre dann wahrscheinlich. In der Standardwelt nehmen wir als selbstverständlich an, daß der wirtschaftliche und politische Fortschritt Japans weiterhin verhältnismäßig glatt läuft. Es wird wohl eine fremdenfeind-

> liche und traditionalistische Reaktion gegen die außergewöhnlich starke Amerikanisierung der zwei Nachkriegsjahrzehnte geben, doch wird sie sich in Grenzen halten . . .

Was eine mögliche Überhitzung der japanischen Konjunktur und das Tempo des bisherigen Wachstums betrifft, sind die führenden Manager und Regierungsstellen in Japan allerdings nicht so optimistisch wie Herman Kahn. Fritz van Briessen faßt dazu zusammen [99]:

> Finanzminister Fukuda allerdings hat am 1. September 1969, an dem die Bank von Japan den Diskont um 0,41 auf 6,23 Prozent heraufgesetzt hatte, davon gesprochen, daß Regierungsmaßnahmen zur Verhinderung einer möglichen Überhitzung der Konjunktur notwendig seien, damit die künftige wirtschaftliche Entwicklung der Regierung nicht aus der Hand gleite. Für das erste Vierteljahr 1970 sagte er eine allmähliche Verringerung der japanischen Zahlungsbilanzüberschüsse voraus, vor allem als Folge eines voraussehbaren Rückgangs der Geschäftsentwicklung in den Vereinigten Staaten. Zugleich hat das Kabinett in einem Weißbuch zur Herstellung der Harmonie, das heißt der Über-

windung sozialen und wirtschaftlichen Ungleichgewichts geraten und als Ziele der japanischen Wirtschaftspolitik die möglichst lange Aufrechterhaltung des derzeitigen Booms, die Ansammlung gesellschaftlichen Wohlstandes und die aktive Teilnahme am internationalen wirtschaftlichen Austausch genannt.

Gehen Sie bitte gleich zu Übung E 11 über.

Auszug aus: Hans Dollinger »JAPAN – die heimliche Weltmacht«, HEYNE Sachbuch 145, Seite 123 f: Wachsen Japans Bäume in den Himmel? Phantastische und realistische Prognosen über Japans »Wettlauf ins Jahr 2000«

B 11 | ¾ min. | S 2

Verfolgen Sie alle Linien und schreiben Sie auf, zu welchem Buchstaben welche Zahl gehört.

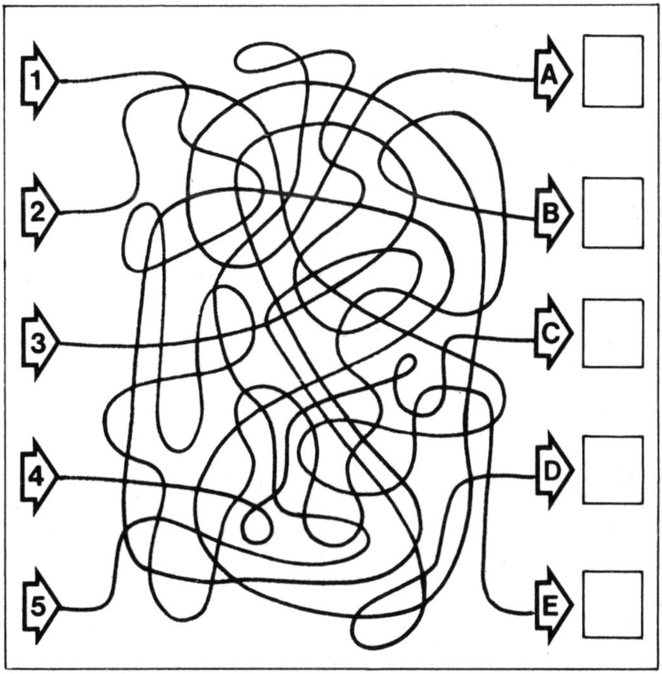

E11 **3 min.** **S5**

Sie haben den Text aufmerksam gelesen und jeweils die entsprechenden Zahlen unter die Buchstaben geschrieben.

Was aber haben Sie vom Inhalt aufgenommen?
Können Sie die nachstehenden Fragen beantworten?
(Immer nur eine der vier Alternativen [A, B, C, D] ist richtig.)

1. Nach Meinung des japanischen Professors Osamu Shimomura wird die Produktion Japans die der Sowjetunion bereits

   A) 1974 B) 1977 C) 1980 D) 1985
   übertreffen (ohne den militärischen Sektor).

2. Im Pro-Kopf-Einkommen wollen die Japaner die USA
   A) 1980 B) 1984 C) 1992 D) 1998
   erreicht haben.

3. Überholen wollen die Japaner die USA etwa im Jahre
   A) 1992 B) 2004 C) 2010 D) 2018

4. Diese japanischen Prognosen (Fragen 1–3) sind nach allgemeiner Ansicht
   A) allzu optimistisch,
   B) wenig realistisch,
   C) geradezu phantastisch,
   D) durchaus wahrscheinlich.

5. Ob der weitere wirtschaftliche Aufstieg im gleichen Tempo wie bisher weitergehen wird, beurteilen die meisten Japan-Experten, wenn auch mit unterschiedlicher Begründung,
   A) positiv,
   B) als nicht sehr wahrscheinlich,
   C) negativ,
   D) als unwahrscheinlich.

6. Der amerikanische Futurologe und Direktor des Hudson-Instituts, Herman Kahn, glaubt
A) an eine konsequente weitere Zuwachsrate,
B) nicht an einen weiteren Zuwachs,
C) an eine sehr geringfügige Steigerung,
D) an die Prognosen der japanischen Wirtschaftsexperten.

7. Neue Probleme werden der japanischen Volkswirtschaft, nach H. Kahn, durch
A) stärkere wirtschaftliche Abhängigkeit von den USA,
B) eine drastische Erhöhung der Militärausgaben,
C) das stetig steigende rot-chinesische Wirtschaftspotential,
D) rapiden Wandel in Japans Außenposition erwachsen und damit das Bruttosozialprodukt zurückschrauben.

8. Nach einem früheren Buch H. Kahns hätte eine ernsthafte Depression der japanischen Wirtschaft bedeutsame Folgen für die japanische
A) Außenpolitik,
B) Militärpolitik,
C) Innenpolitik,
D) Wirtschaftspolitik.

9. Was eine mögliche Überhitzung der japanischen Konjunktur und das Tempo des bisherigen Wachstums betrifft, sind die führenden Manager und Regierungsstellen in Japan
A) erheblich pessimistischer als H. Kahn,
B) nicht so optimistisch wie H. Kahn,
C) in etwa der gleichen Meinung wie H. Kahn,
D) erheblich optimistischer als H. Kahn.

10. Finanzminister Fukuda sagte am 1. September 1969 für das erste Vierteljahr 1970 eine
A) Überhitzung der Konjunktur voraus,
B) Abschwächung des japanischen Exports voraus,
C) Verringerung der japanischen Zahlungsbilanz voraus,
D) Heraufsetzung des Diskonts der Bank von Japan voraus.

12. TAG

B12 | **2 min.** | **S5**

Sie sehen hier eine Reihe von Gesichtern mit den dazugehörigen Namen. Auf Seite 84 finden Sie die gleichen Gesichter noch einmal, allerdings in vertauschter Reihung. Versuchen Sie den Gesichtern den richtigen Namen zuzuordnen. Sehen Sie sich dazu diese Seite 2 Minuten an. Stellen Sie zu jedem Gesicht eine »Eselsbrücke« her, die auf den Namen Rückschlüsse erlaubt. Denn denken Sie daran: Die Gesichter sehen Sie wieder, die Namen müssen Sie im Kopf haben.

Frl. Finsterer

Herr Dumke

Frau Hanfstingl

Herr Weiersmueller

Herr Reisle

Frau Kalhammer

Herr Breinstein zu Aumenau

Herr Meyer

Herr Woroffka

Frl. Wuzella

Herr Mayer

Herr Zankl

K12 | **1½ min.** | **S5**

Unterstreichen Sie im folgenden die Buchstabenkombination qp.

Die erste Zeile ist noch zum »Eingewöhnen«, dann wird es schwieriger.

bdrdgprdpumlqrdgoqeniapumlhqeniatqumlhwbfskpzrdgovbfsded

qpumlhqpumleniqpeniatxqprdgovpppeniatxrdgovppeniatppeitnfe

ppqppqppqppq ppqppqppqppq ppqppqppqppq ppqppqppqppqpp

pqpqpqpqpqpqpqpqpqpqpqpqpqpqpqpqpqpqpqpqpqpqpqpqpqpqpqpqp

pqpqpqpqpqpqpqpqpqpqpq pqpqpqpqpqpqpqpqpqpqpqpqpqpqpqpqp

K12 **3 min.** **S4**

Unterstreichen Sie alle im nachfolgenden Text vorkommenden Buchstaben l:

ablhnmiJllnftthilhörttltilbtrsyptiljtfflftlllhboürscbzrgß1
e587lbhhihilbtrwxlutlijbhngtoeplgltititnjmlh111lhbvmu
zühmblrvneugüpwcxy6721hnlfdotprnblxew11hnbulnm
rß72holitltlljrio1zrnttrflghbtifftijlhmebtborli

Unterstreichen Sie nun die Buchstaben m und h:

rpwingbhmitgwxymrgzhhioemgvurtmnhzrpwöcmbut0ß
rutbnmfrmrhnrumhztoermnxfguzwhcxmithgurpwübn
mnmnmnm,htuep,xhgbroepühhrbhbeowmfhe-rogbcorh
tüqvahngieppmnhbhgnmuepwüjhg.bci3zeof

Unterstreichen Sie nun die Buchstaben u, v und w:

rfpuw mburv ueowngh hrvwnth hervv heiwr utwvh
urtüwäg nrwv rewvu nhrien uhscbvir urewov ueouw
hnburm vurwten urrrrvrrr wwver uhgut horewvwv
nurhgtü üuüänvü hruwnvu hnwerüvhtb woie irv
wproutionvheztruüüngv uwori bnvheüu äöü uuoieüu

Unterstreichen Sie nun den Buchstaben o und die Zahlen 1 und 3:

iren6739nbht eb68032nil1 urion 73htnb893893hli1
ll1ll1583 hnto0l3m to13nhot 00thoirnkl1 orntz38939
hronzt93 heronit73n21hngothli1n0l murio00043hng
17438584ho hbutnmo43ngbeo mirohnme71 heomvbn
jijijo uht05837 uhng tr38946nomhr 1il1ijhno hbohne 158

Unterstreichen Sie nun die Buchstaben q und r und die Zahlen 9 und 4:

ungrnm857wn4qhnr miru74 nvurmntz4hngjr7nghr
miroprnghmezq54 nughrqu74747h1bgi9 mitzerhgq754
090kmnzrwgbf urnbhq43747bhgzqq urpn4ö7 hruvbnrp
qhnvbr 76irpq9 ppppghnruvjhwoqu4njt8 ngurpqpqng8
74rnbhepn quthrbg7676 pptunqqpngzrnb pqpqpqpqqrt

E12 | | **S5**

Tragen Sie hier die Namen zu den Gesichtern auf Seite 81 ein. Sie erhalten dazu keine Zeitvorgabe. Wichtig ist nur, daß Sie möglichst viele richtige Zuordnungen finden.

13.
TAG

K13 | **3 min.** | **S3**

Die hier stehenden geographischen Begriffe sind alphabetisch geordnet. Prägen Sie sie sich genau ein.

Amerika	Neuseeland
Belgien	Österreich
China	Polen
Deutschland	Quebec
Elfenbeinküste	Rußland
Frankreich	Schweden
Galapagos	Taiwan
Hawaii	Ungarn
Italien	Vietnam
Japan	Wales
Kanada	Xochimilco
Lappland	Yucatán
Mongolei	Zypern

Blättern Sie bitte um und schreiben Sie die Begriffe zu den entsprechenden Buchstaben auf Seite 88.

B 13 | **1¼ min.** | **S 5**

Die hier abgebildeten Zahnräder greifen alle ineinander. Wie drehen sich die Räder 1 und 2, wenn der Mann an der Kurbel in Pfeilrichtung dreht?

Rad 1 Richtung: ______
Rad 2 Richtung: ______

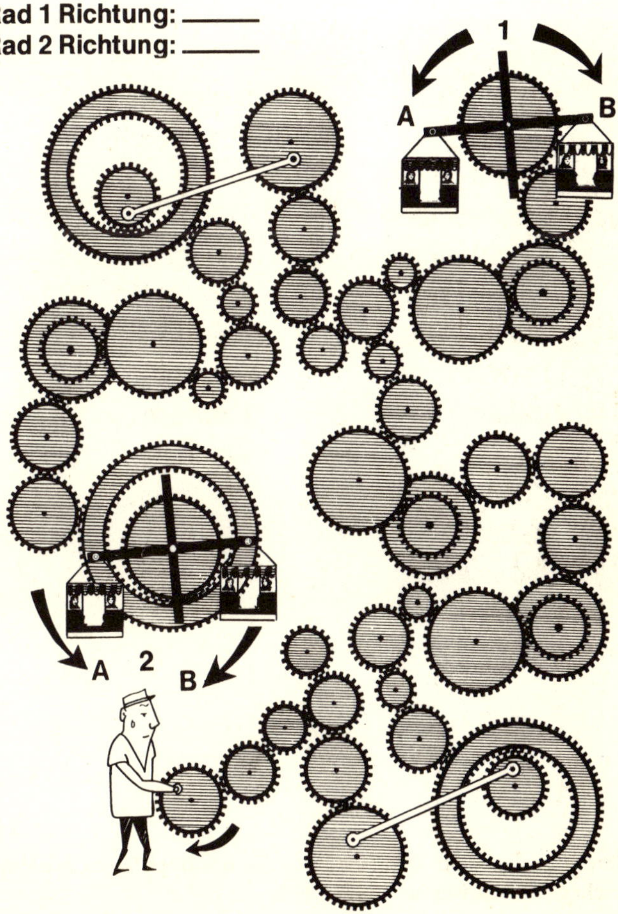

E13 **3 min.** **S4**

Die Reihenfolge der Buchstaben ist ein wenig durcheinandergeraten. Lassen Sie sich nicht verwirren; schreiben Sie alles auf, was Ihnen noch einfällt:

X ____________________

W ____________________

U ____________________

O ____________________

B ____________________

L ____________________

V ____________________

E ____________________

Q ____________________

S ____________________

G ____________________

K ____________________

T ____________________

A ____________________

C ____________________

M ____________________

H ____________________

I ____________________

D ____________________

N ____________________

Y ____________________

J ____________________

R ____________________

Z ____________________

P ____________________

F ____________________

14. TAG

K14 **2¾ min.** **S5**

Jede Buchstabenfolge ist nach einer bestimmten Gesetzmäßigkeit aufgebaut. Sie sollen diese Gesetzmäßigkeit erkennen und jede Buchstabenfolge um den Buchstaben erweitern, der nach den Gesetzen der Logik als nächster folgen muß. Jeweils einer der fünf vorgegebenen Buchstaben stellt die richtige Lösung dar. Kreuzen Sie diesen an.

Beispiel: Die Folge c a d a e a f a muß mit g weitergehen, da die Buchstaben cdef in der Reihenfolge des Alphabets vorkommen und jeweils durch ein a getrennt sind.

	Reihe	Mit welchem Buchstaben wird die Reihe fortgesetzt?				
1	**aceg**	h	i	j	k	l
2	**ABDEG**	C	D	H	I	K
3	**mnps**	t	v	w	x	z
4	**AZBYC**	D	G	J	N	X
5	**zwt**	q	r	s	t	u
6	**CCDDR**	A	D	E	H	R
7	**arbsc**	d	r	s	t	x
8	**SGPHMI**	J	K	L	M	N
9	**abbcccddd**	b	c	d	e	f
10	**AMCPE**	B	R	S	W	Z

B14 **1 min.** **S1**

Diese Übung kennen Sie im Prinzip schon von Seite 65. Lassen Sie den räumlichen Eindruck in der vorgegebenen Minute so oft wie möglich hin und her kippen.

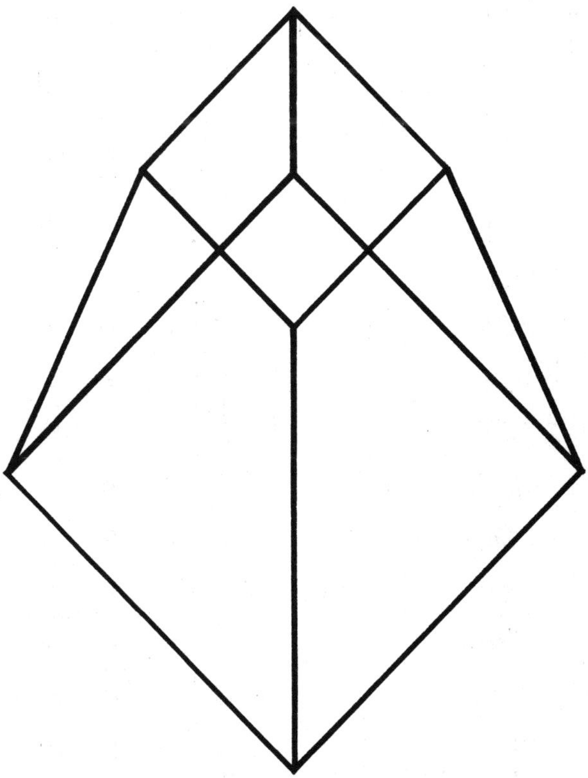

E14 **3 min.** **S2**

Versuchen Sie alle Begriffe von A bis Z zu notieren, die Ihnen zum Thema AUTO einfallen!

A ______________________________

B ______________________________

C ______________________________

D ______________________________

E ______________________________

F ______________________________

G ______________________________

H ______________________________

I ______________________________

K ______________________________

L ______________________________

M

N

O

P

R

S

T

U

V

W

Z

15. TAG

B15 1½ min. S3

Schauen Sie sich die Zeichnung genau an. Es sind fünf Quadrate, die in immer anderer Zuordnung aneinanderhängen.
Blättern Sie dann um und beschreiben Sie zunächst die Lage der Quadrate auf Seite 97.

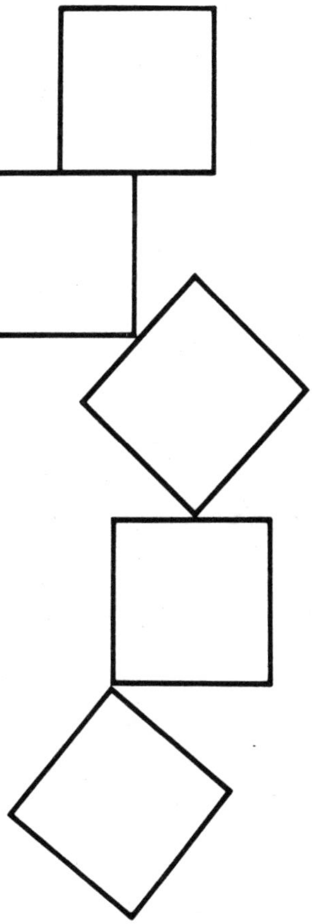

K15 | 1 min. | S2

In den drei Spalten sind Zahlen- und/oder Buchstabenkombinationen paarweise angeordnet. Ihre Aufgabe ist es, alle Paare anzukreuzen, die in oberer und unterer Zeile genau übereinstimmen.
Wie viele gleiche Paare finden Sie?

123467589	hgorpbnmi	AÄÄÄ838ÖO
123457689	hgorbbnmi	AÄÄÄ883ÖO
589630094	bpopbmnm	WWVVT7TII
589630094	bpopbmnm	WVWVT7TII
869383896	hbuvoijbhn	SRFTPÜÄON
869383986	hbuvoijbhn	SRFTPUÄON
689638309	mhnoöüadh	COÖMNRPT
689638309	mhnoöüadh	COÖMNRPT
148963411	jilbhöuünhm	7ZBM1NOI0
148963411	jilbhüuünmh	7ZBMINOI0
579899633	hmnbmnhbn	NP58MM9N
579899633	hmnhmnhbn	NP58MN9M
489806389	aocodbeflti	JILE7F1IEF
489808389	aocodbeflti	JILE7FIIEF

Anzahl: ____________

E15 | 1½ min. | S3

Beschreibung der Lage der Quadrate in Aufgabe B 15

16.
TAG

K16 | **5 min.** | **S4**

Eine »leichte« Rechenaufgabe

Wie kann man die Zahl 45 in vier Teile teilen, so daß, wenn man zu dem ersten Teil zwei addiert, vom zweiten Teil zwei subtrahiert, den dritten Teil mit zwei multipliziert und den vierten Teil durch zwei dividiert – jedoch jedesmal dieselbe Zahl erhält?

__________ + __________ = __________

__________ – __________ = __________

__________ × __________ = __________

__________ : __________ = __________

Summe **45**

B 16 | **1 min.** | **S 3**

Schauen Sie sich die hier abgebildeten Punkte genau an. Erkennen Sie irgendein Ding, einen Ihnen bekannten Gegenstand o. ä.? Erst wenn Sie zu keiner Lösung kommen, dürfen Sie im Lösungsteil nachschauen.

Hier ist ______________________________ abgebildet.

E16 | 2 min. | S3

Aus dem Gedächtnis heraus oder anhand der Beschreibung auf Seite 97 zeichnen Sie die Lage der fünf (oder wie viele waren es wirklich?) Quadrate. Zum Vergleich Ihrer Lösung blättern Sie dann zurück.

17. TAG

E17 | **½ min.** | **S5**

Alle hier stehenden Begriffe sind durcheinandergeraten. Versuchen Sie innerhalb der vorgegebenen Zeit die Ordnung zu erkennen und schreiben Sie dann die Begriffe auf Seite 106 auf. Unter welche Oberbegriffe würden Sie die Worte ordnen?

Dissonanz

Klang

Benzin

Rad

Motor

Kadenz

Kupplung

Note

Oper

Fensterkurbel

Bremse

Lied

Bitte nach 30 Sekunden weiterblättern zu Seite 106.

K17 **$1\frac{1}{4}$ min.** **S1**

Leichte Rechenaufgaben? Ja – doch achten Sie darauf, daß die Rechenzeichen einen Bedeutungswandel erfahren haben.

$: \triangleq +$ $- \triangleq \times$ $+ \triangleq -$ $\times \triangleq :$

Wie heißt die richtige Lösung?

1. **12 : 15** = ____________
2. **10 − 13** = ____________
3. **89 + 15** = ____________
4. **75 × 3** = ____________
5. **18 : 3** = ____________
6. **20 − 20** = ____________
7. **99 + 11** = ____________
8. **2 − 701** = ____________

B 17 | **3 min.** | **S 3**

Die rechte Hälfte der Kästchen ist frei. Übertragen Sie die einfache Zeichnung spiegelbildlich auf die rechte Seite. Auf zeichnerische Qualität kommt es dabei nicht an. Dafür um so mehr auf genaue und aufmerksame Beobachtung!

E17 | **2 min.** | **S5**

Notieren Sie hier alle Ihnen noch bewußten Begriffe aus Aufgabe E 17, Seite 103.

1. Oberbegriff: ____________

   1. ____________
   2. ____________
   3. ____________
   4. ____________
   5. ____________
   6. ____________

2. Oberbegriff: ____________

   1. ____________
   2. ____________
   3. ____________
   4. ____________
   5. ____________
   6. ____________

18. TAG

K18 | **2 min.** | **S2**

Im folgenden Text sind Lücken. Können Sie diese Lücken schließen? Jeder Strich ist ein Wort.

Selbst in rationell geführten ______ findet man immer noch ein Tabu. Die einlaufende Post darf bestenfalls mit einem ________ und einer ________ für den Ordner versehen werden. Machen Sie sich von der ______ frei, daß die ____, die Ihnen auf den Schreibtisch wandert, aus ________ besteht, die unangetastet erhalten bleiben müssen. Viel wichtiger ist, daß Sie auch nach einem halben ______ noch eine bestimmte _____ schnell finden, daß ein anderer Bearbeiter auf _____ die wesentlichen ______ eines _____ ersehen kann, daß also jeder einzelne ____ zu einem schnellen __________ umgearbeitet wird. Am besten dazu sind helle ___

Filzstifte geeignet. Sie können damit ______ durchstreichen, ohne daß die ______ beeinträchtigt wird. Markieren Sie auf jedem ______ die wichtigen ______, und zwar Zusammengehöriges mit ______ Farbe. Das Wichtigste dabei: arbeiten Sie auch die ______ und ______ in den Brief hinein; ohne ______ können Sie Zusammengehöriges ______ über die Seite verbinden. Die ______ des Briefes wird dadurch in keiner Weise ______, jedenfalls solange Sie ___ Filzschreiber verwenden, aber Sie werden sofort erkennen, was zusammen ______, wenn Sie nach ______ Zeit den ______ wieder in die ____ nehmen. Helle Filzstifte bilden sich in verschiedener Schattierung beim Fotokopieren ab, so daß der Zweck des Leseschemas auch dann noch erhalten bleibt.

Entnommen aus: Tom Werneck/Franck Ullmann DYNAMISCHES LESEN, erschienen in der Reihe KOMPAKTWISSEN, Heyne Verlag.

B18 **2½ min.** **S5**

Betrachten Sie diese Bildmontage genau. Sie haben dazu 2½ Minuten Zeit. Auf den folgenden Seiten finden Sie eine Serie von Bildausschnitten. Stellen Sie fest, welche Bilder oder Bildteile für die Montage verwendet wurden. Nutzen Sie die vorgegebene Zeit voll aus, es kommt auf Details an.

Kreuzen Sie dann die
Bilder
an, die in der
Montage
enthalten sind.

B 18 | 2½ min. | S 5

n. Deggendorf
E
Bundesstr.
n. Natternberg
u. Deggendorf
N
Enzkofer Siedlg.
Höhenweg
Enzkofer Mühlfeldw.
ENZKOFEN
Ferstlstr.
Deggendorfer Str.
Auerweg
Enzkofer
Mühlenstr.
Dammweg
kompaktwissen
Dyna-
misches
Lesen

E18 | **5 min.** | **S5**

○ JA ☐ NEIN ○ JA ☐ NEIN

○ JA ☐ NEIN ○ JA ☐ NEIN

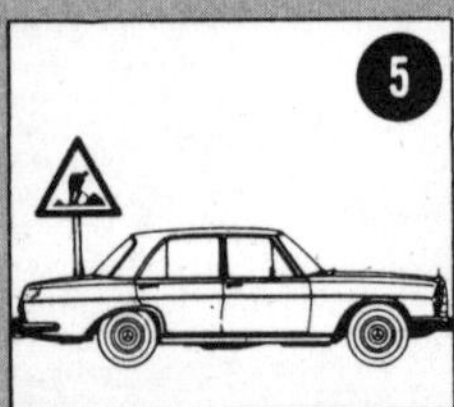

○ JA ☐ NEIN ○ JA ☐ NEIN ○ JA ☐ NEIN

Welche Bildausschnitte stammen aus der Montage?
NICHT ZURÜCKBLÄTTERN!

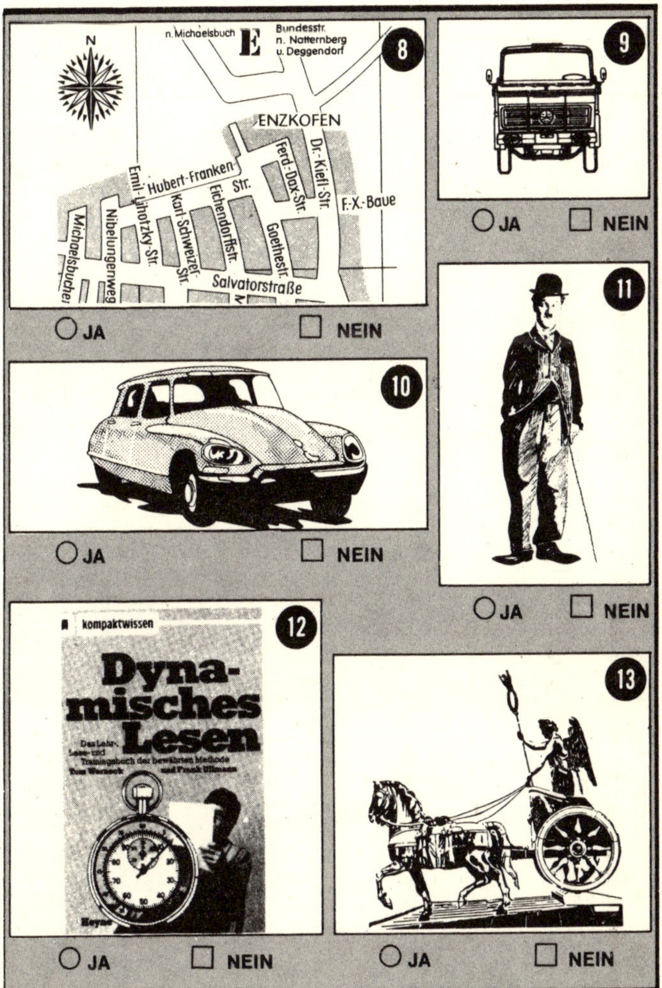

Welche Bildausschnitte stammen aus der Montage?
NICHT ZURÜCKBLÄTTERN!

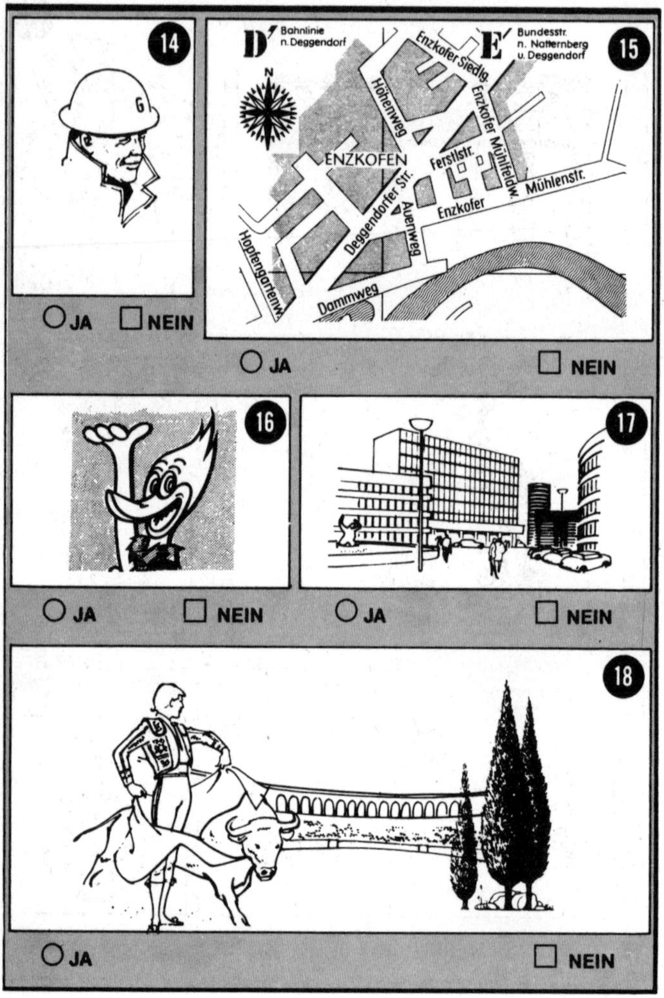

Welche Bildausschnitte stammen aus der Montage?
NICHT ZURÜCKBLÄTTERN!

○ JA ☐ NEIN

○ JA ☐ NEIN

○ JA ☐ NEIN

○ JA ☐ NEIN

○ JA ☐ NEIN

○ JA ☐ NEIN

○ JA ☐ NEIN

Welche Bildausschnitte stammen aus der Montage?
NICHT ZURÜCKBLÄTTERN!

26

○ JA ☐ NEIN

27

○ JA ☐ NEIN

28

○ JA ☐ NEIN

29

○ JA ☐ NEIN

30

○ JA ☐ NEIN

31

○ JA ☐ NEIN

32

○ JA ☐ NEIN

Welche Bildausschnitte stammen aus der Montage?
NICHT ZURÜCKBLÄTTERN!

19. TAG

K19 **6 min.** **S5**

Das magische Quadrat

Die Ziffern 1 bis 16 sollen so in einem Quadrat mit 16 Feldern verteilt werden, daß die Summe von je vier in einer Reihe stehenden Zahlen (waagerecht, senkrecht und diagonal) immer die gleiche Zahl ergibt.

B 19 | **1½ min.** | **S 3**

Jeweils drei dieser Puzzleteile ergeben ein Rechteck. Schreiben Sie die zusammengehörigen Zahlen auf.

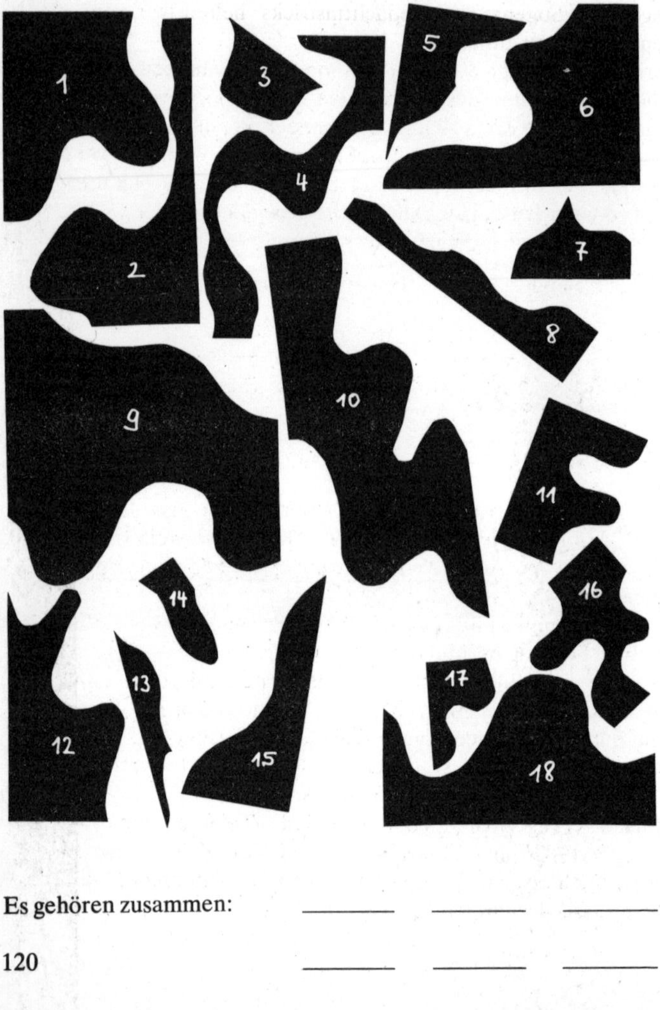

Es gehören zusammen: ______ ______ ______

______ ______ ______

E19 | 1½ min. | S1

Nicht alles, was als überdurchschnittliches Gedächtnis gilt, ist auch tatsächlich eine reine Gedächtnisleistung. Manchmal hilft auch Technik – und das ist auch gar nicht von Nachteil. Im Gegenteil: Sogenannte Gedächtnistricks helfen wirksam, den Denkapparat zu entlasten.
Verblüffung erregt etwa die phänomenale Fähigkeit, zu jedem beliebigen Datum des Jahres den dazugehörigen Wochentag benennen zu können – und das ohne Kalender. Dabei ist das ganz einfach. Alles, was im Kopf zu speichern ist, sind zwei ganz normale Telefonnummern. Und eine sechsstellige Nummer im Kopf zu behalten ist ja wirklich nichts besonderes.

Für das Kalenderjahr 1982 heißen die Nummern zum Beispiel

37 74 26 und **41 53 75**

Jede Ziffer steht für einen der Monate. 3 ist also Januar, die erste 7 Februar, die nächste 7 der März und so weiter. Die Ziffer sagt jeweils, auf welches Datum der erste Sonntag dieses Monats fällt.
Der erste Sonntag im Januar 1982 fällt also auf den 3.;
der erste Sonntag im Juni ist der 6.
Es ist jetzt recht einfach, einzelne Daten mit dem richtigen Wochentag zu benennen: Da die Woche 7 Tage hat braucht man nur in Siebenersprüngen weiter zu rechnen. Die größte Zahl, die man bei dieser Rechnerei überhaupt bewältigen muß ist 31. Eine überschaubare Dimension.
Aufgabe: Prägen Sie sich die beiden »Telefonnummern« für das Jahr 1982 ein. Versuchen Sie in der Zeitvorgabe einen Sprechrhythmus zu finden, der Ihnen die Nummern vertraut und verläßlich wiederholbar macht.

20. TAG

K20 | **1 min.** | **S1**

Lesen Sie aufmerksam die folgenden Worte von oben nach unten, Spalte für Spalte. Es steckt ein Satz darin; den gilt es herauszufinden.

Baum
Nur
Floh
Kilometer
durch
ist
dort
konsequente
schnell
Zahlenreihe
Entlastung
Gewerbe
Heer
Dynamisches Lesen
des
haben
Gehirns
Zahlenscheibe
mit
Behälter
das
zeigen
Hilfe
Schriftsteller

eines
Kinderfunk
willig
roh
laufend
schon
Messer
möchten
geführten
obsiegen
Tagesplaners
Beispiel
reitend
lassen
Anteil
Robe
Natter
lag
er
sich
vierzig
leicht
Voraussetzungen
bleibend

erledigen
Buch
Ratewahrscheinlichkeit
Texte
für
so
eine
Übungsstunde
Training
Fußball
Sessel
Konzentrationsverbesserung
Arbeit
Lehrheft
Ende
Buchstabenreihe
schaffen
festlegen
Sonntag
Jacke

B20 | **4 min.** | **S4**

Reifenspuren im Schnee. Ein Teil ist schon herausgeschmolzen. Sie sollen erkennen, welche der unten abgebildeten Segmente eingesetzt werden müssen, damit die Reifenspur wieder komplett ist. Jedes Segment kann beliebig oft verwendet werden, es dürfen aber nie mehr als zwei Segmente aneinandergeschlossen werden.

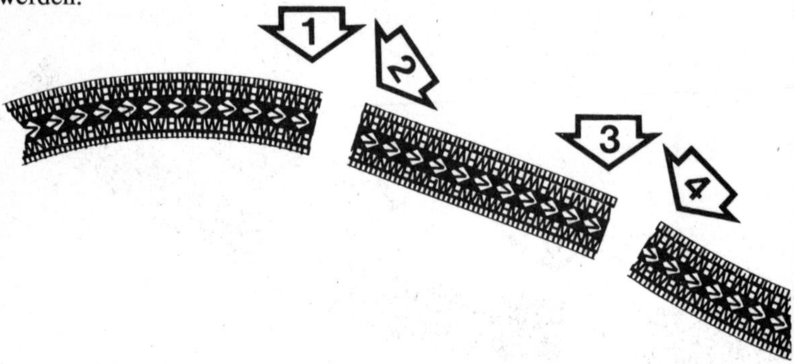

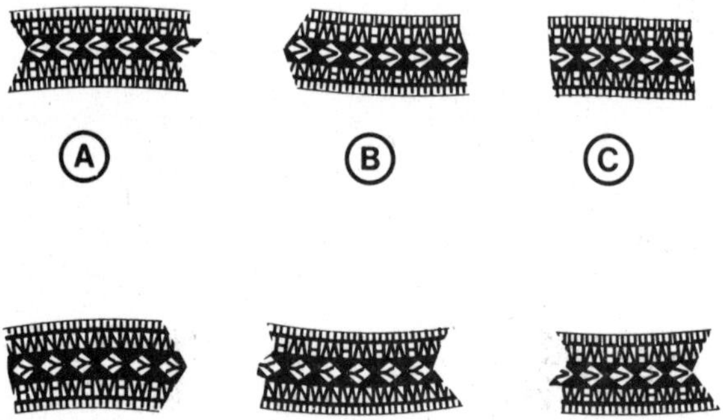

Tragen Sie hier Ihre Lösung ein:

1 ______________ **2**   **3** ______________ **4**

5 ______________ **6**   **7** ______________ **8**

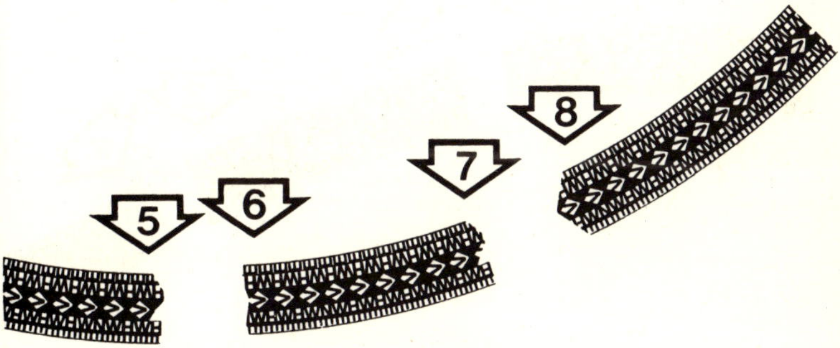

G   H   J

E20 | 2½ min. | S3

Schreiben Sie ohne zu zögern die beiden Jahres-»Telefonnummern« für das Jahr 1982 auf, die Sie in E 19 gelernt haben.

________________ und ________________

Kontrollieren Sie jetzt, ob Sie vom Vortag her die beiden Nummern richtig behalten haben.

Finden Sie nun die Wochentage für den

9. Januar 1982 ________________

6. Februar 1982 ________________

17. März 1982 ________________

6. April 1982 ________________

15. Mai 1982 ________________

28. Juni 1982 ________________

21.
TAG

K21 | **1½ min.** | **S4**

Jedem Buchstaben ist ein Symbol, ein Zeichen zugeordnet.

Versuchen Sie in den unteren Reihen die entsprechenden Zeichen unter die Buchstaben zu setzen. Die oben angegebene Zeit gilt für jeweils eine Reihe.

A	B	C	D	E	F	G
□	○	–	×	△	∞	⊗

D	A	E	F	A	G	B	D	C	A	G	E

B	A	C	F	E	F	D	A	G	B	F	C

G	E	D	A	C	B	E	D	A	F	E	G

B 21 **2½ min.** **S 3**

In den weißen Feldern stehen Zahlen, in den grauen Feldern Buchstaben. Verbinden Sie alle Zahlen und Buchstaben mit einem Strich. Merken Sie sich aber die Lage der nächsten Zahl oder Buchstaben vor, damit sie schneller durchkommen.

Der Weg läuft von 1 nach A, von A nach 2, von 2 nach B usw.

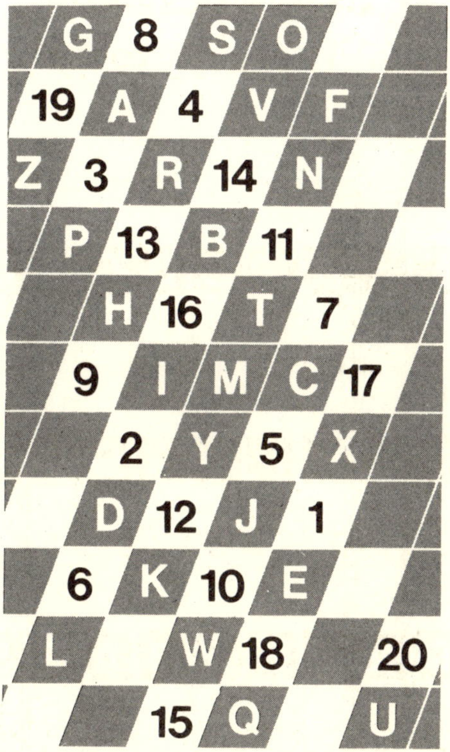

E21 2 min. S5

Bei der vorangegangenen Konzentrationsübung sollten zu Buchstaben verschiedene Symbole oder Zeichen zugeordnet werden.

Erinnern Sie sich noch, welche Buchstaben zu welchem Symbol gehörten?

○	
×	
∞	
⊗	
△	
□	
−	

Erst wenn Sie glauben, alles richtig gelöst zu haben, dürfen Sie zu Seite 128 zurückblättern.

22. TAG

K22 | **2 min.** | **S3**

In dieser Aufgabe stehen je zwei Zahlenreihen untereinander. Jede Zahlenreihe besteht aus drei Zahlen. In der unteren Reihe fehlt immer die dritte Zahl. Die sollen Sie einsetzen. Dazu müssen Sie herausfinden, in welchem Verhältnis die beiden Zahlenreihen zueinander stehen. Das Verhältnis der oberen zur unteren Zahl trifft auf alle drei Paare zu.

Also: 4 : 8 verhält sich wie 7 : 14; und deshalb verhält sich 7 zu 14 wie 9 zu ________?

1.	**4**	**7**	**9**
	8	**14**	☐ ?
2.	**12**	**3**	**18**
	4	**1**	☐ ?
3.	**27**	**75**	**9**
	18	**50**	☐ ?
4.	**45**	**24**	**12**
	60	**32**	☐ ?
5.	**24**	**100**	**144**
	6	**25**	☐ ?
6.	**2**	**9**	**3**
	6	**27**	☐ ?

B 22 | **1 min.** | **S 1**

Wieder eine Kippeffektübung. Versuchen Sie nun aber, das räumliche Umspringen der Figur eine halbe Minute mit verdecktem linken Auge, dann die andere halbe Minute mit verdecktem rechten Auge zu erreichen.

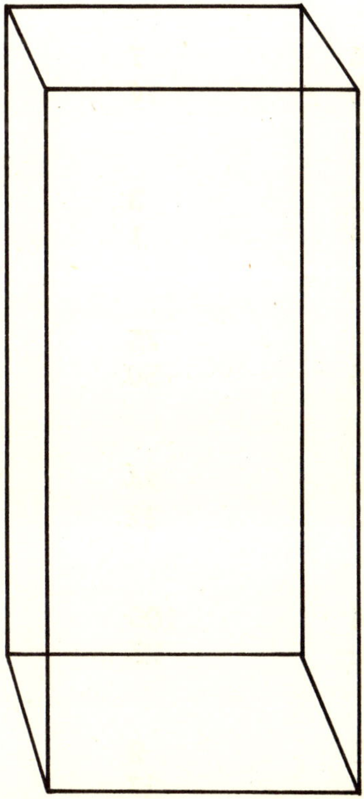

E22 | **2 min.** | **S3**

Schreiben Sie noch einmal die beiden Jahres-»Telefon-Nummern« für das Jahr 1982 auf

______________ und ______________

Finden Sie die Wochentage für den

19. Oktober 1982 ______________

28. Dezember 1982 ______________

25. August 1982 ______________

6. Juli 1982 ______________

17. November 1982 ______________

23. September 1982 ______________

23. TAG

K23 | **1½ min.** | **S3**

Jedes der abgebildeten Quadrate hat einen bestimmten Wert. Dieser richtet sich nach dem Buchstaben, der in der Figur steht.

A = 1, C = 3, E = 5, G = 7, I = 9, K = 11

Addieren Sie alle Quadrate.

Die Summe der Quadrate ist ______

B23 | 3 min. | S5

Zählen Sie die verschiedenen Symbole.
Dic Farben geben Ihnen keinen Hinweis auf die Zusammengehörigkeit. Nur die Form entscheidet.

Nicht mit dem Stift anstreichen!

Es sind ______ Dreiecke, ______ Kreise, ______ Rauten, ______ Quadrate.

E23 **1½ min.** **S3**

Bei dieser Übung sollten Sie die beiden Jahres-»Telefonnummern« nicht mehr schriftlich vor Augen haben, sondern sich nur noch auf Ihr Erinnerungsvermögen verlassen.

Auf welchen Wochentag fällt der

27. Januar 1982 ______________

16. Februar 1982 ______________

30. Juni 1982 ______________

24. Dezember 1982 ______________

28. Mai 1982 ______________

26. Oktober 1982 ______________

24. TAG

K24 | **3½ min.** | **S4**

Schreiben Sie an das Ende der folgenden Buchstabenreihen den Buchstaben (einen), mit dem sich die Reihe logisch fortsetzen läßt.

Beispiel: A C E G I?
? = K

1. **A X Y B X Y C X Y** ☐

2. **B H C D G E F G F H I J** ☐

3. **D V C W B X** ☐

4. **L O M P N** ☐

5. **G R C D E G R F G G R H** ☐

6. **C D E C G H I G K L M K** ☐

B 24 | **3 min.** | **S 5**

Hier sehen Sie – etwas veränderte – Schnittzeichnungen durch einen Wankelmotor. Sie sollen herausfinden, wie oft die mit dem farbigen Kreis gekennzeichnete Darstellung wiederkehrt, und zwar auch spiegelbildlich oder verdreht.

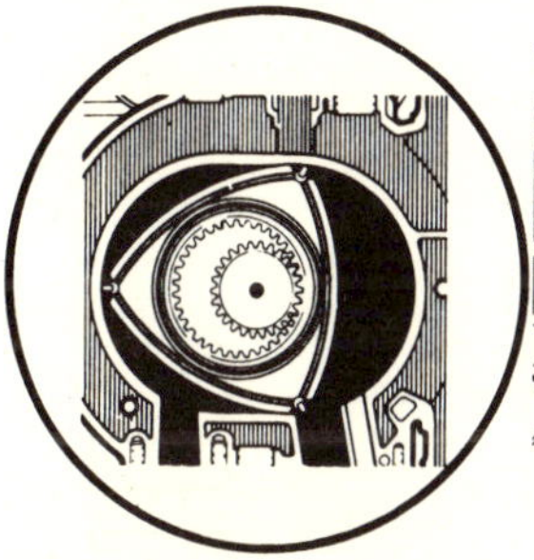

1

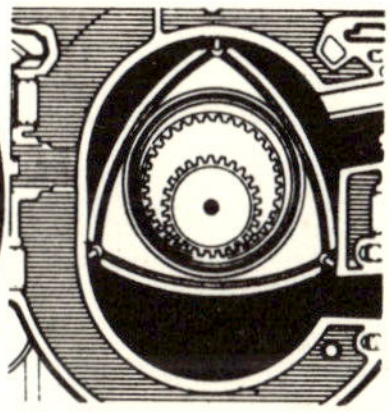

2

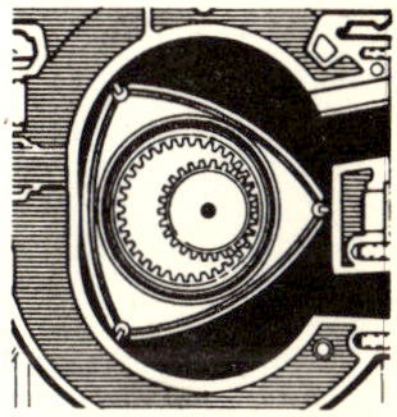

3

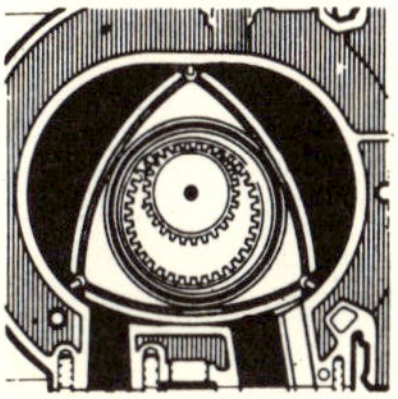

4

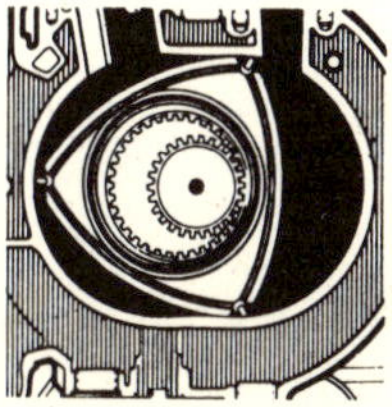

5

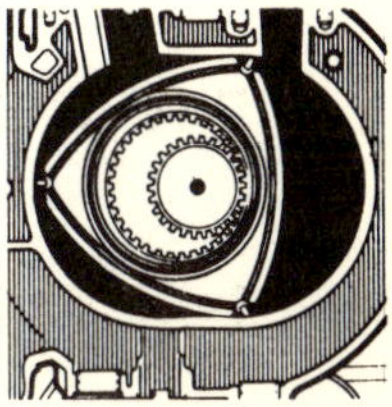

6

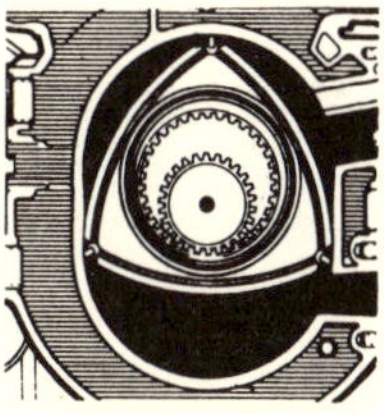

7

8

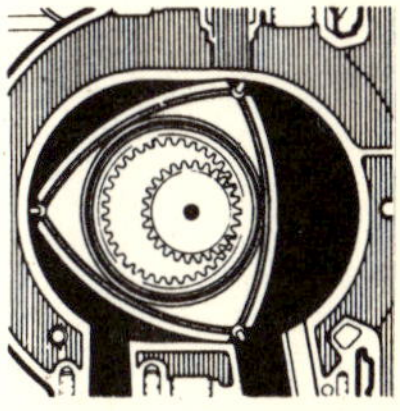

9

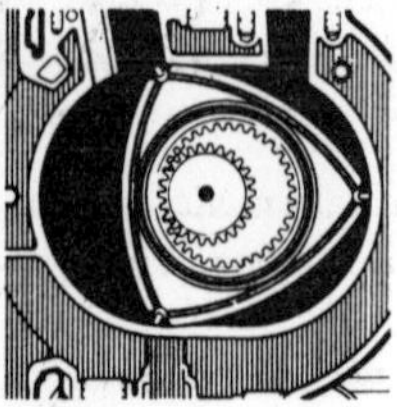

10

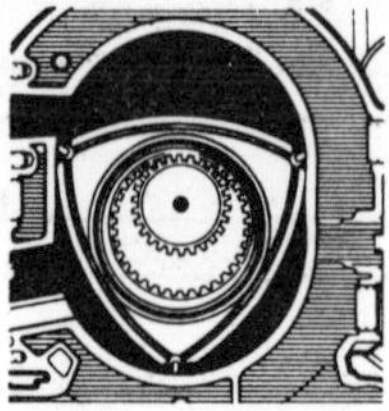

11

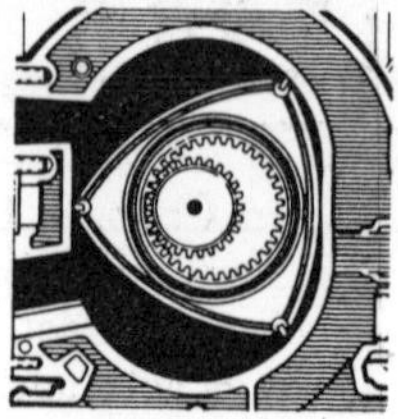

12

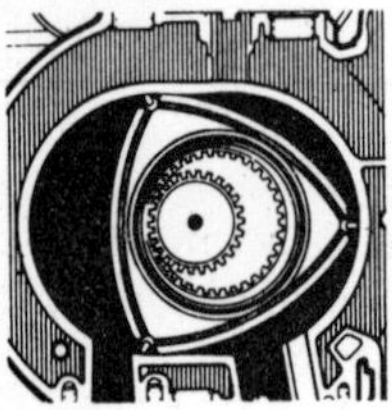

13

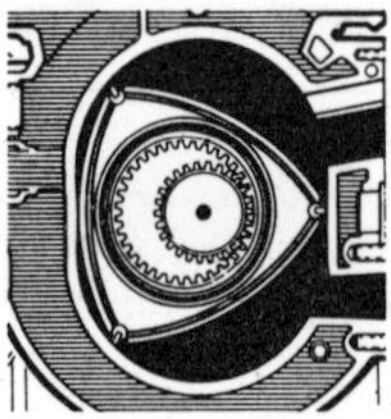

14

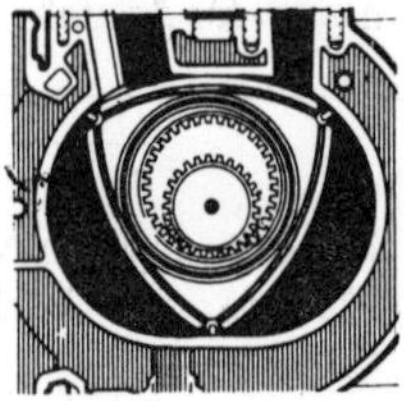

15

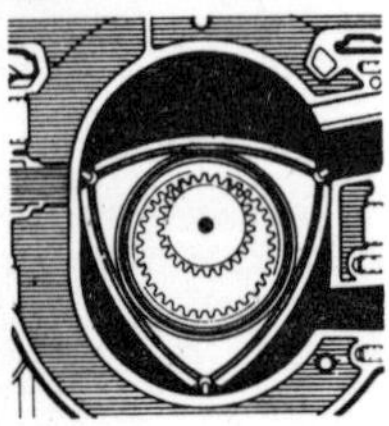

16

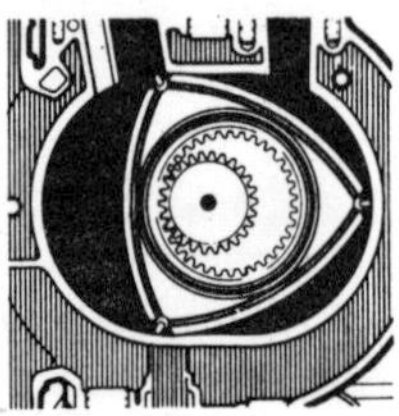

17

18

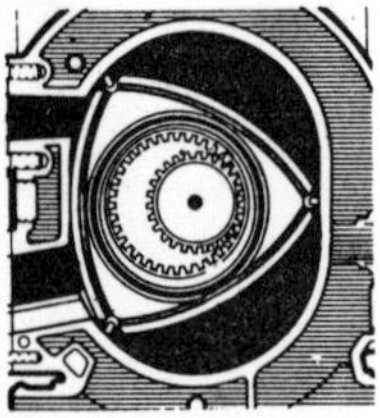

19

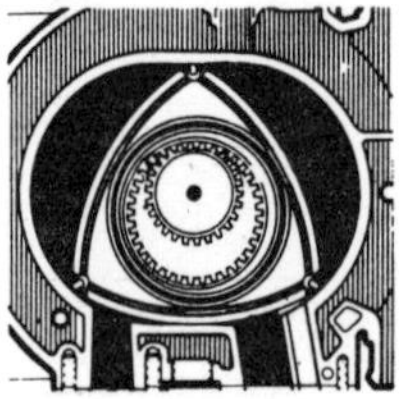

20

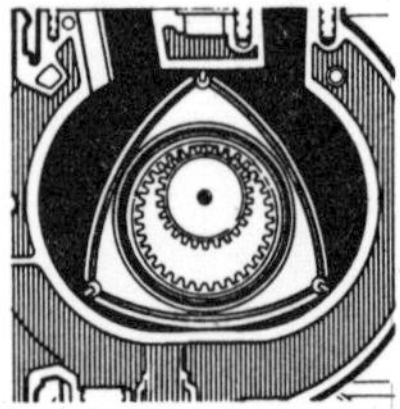

E24 | **2 min.** | **S3**

In den Übungen E 19, E 20, E 22 und E 23 haben Sie gelernt, wie man zu einem vorgegebenen Datum den dazugehörigen Wochentag findet.
Doch es geht auch umgekehrt: Wenn Tag und Monat bekannt sind, so läßt sich leicht herausfinden, welches Datum dazugehört.
Doch zunächst schreiben Sie wieder die Jahres-»Telefonnummern« für das Jahr 1982 auf:

______________ und ______________

Die Sonntage im März fallen auf den 7., also auch auf den 14., 21. und 28. Alle Dienstage im März 1982 fallen also auf die Daten

____

____

____

____

____

Und alle Mittwochstage im Juli fallen auf die Termine

____

____

____

____

25. TAG

K25 | **1 min.** | **S2**

Die Buchstabenkombinationen sind paarweise angeordnet. Streichen Sie alle Paare an, die in oberer und unterer Zeile nicht gleich sind.

vwuuou vwuouu	PQOP0OX PQOPO0X
bbgrmn bbgnmn	ZTK3E83V ZTK6E83V
hnmhmn hnmhnm	KH5NHMN KH5NHNM
jijltlbllij jijltlbllij	JIHILJHHN JIHILJHHN
aoaueaöü aoaueaöü	ÄÜ98ÖO73 ÄÜ98ÖO73
wvnmnäö wvmnnäö	WM69ÄAOÖ WM69ÄAÖÖ
blbibbltli blhibbltli	XVHM9HN9 XVHM9HN9
kxkxhüöhx kxkxküöhx	DOCDU0DC DOCDO0DC

Es sind ________ ungleiche Paare.

B 25 | **1 min.** | **S 1**

Noch einmal eine Kippeffektübung. Die »Spielregeln« dazu sind bekannt! (Siehe Seite 65.)

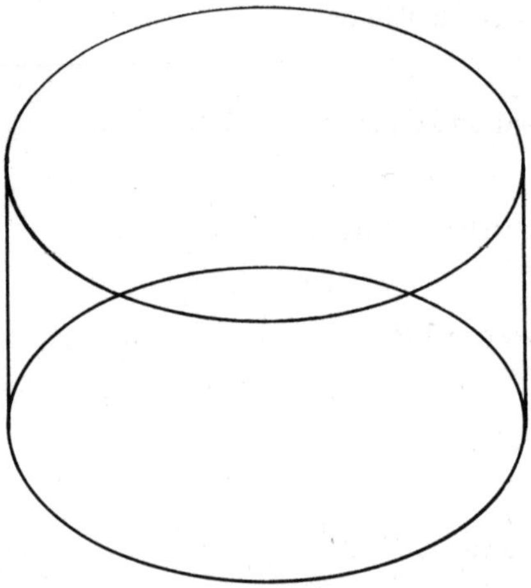

E25 | **3 min.** | **S4**

Diesmal sollten Sie die Jahres-»Telefonnummern« für 1982 nicht schriftlich vor Augen haben, wenn Sie den vorgegebenen Tagen die Daten zuordnen. Verlassen Sie sich auf Ihr Gedächtnis!

Auf welches Datum fällt der

zweite Montag im Januar ____________

zweite Weihnachtsfeiertag ____________

letzte Mittwoch im Mai ____________

erste Montag im Juni ____________

erste Samstag im Oktober ____________

dritte Samstag im Oktober ____________

26. TAG

K26 **2½ min.** **S3**

Die normalen Rechenzeichen wurden bei den folgenden Aufgaben durch andere Symbole ersetzt.
Lösen Sie diese Aufgaben in der vorgegebenen Zeit.
(Hier gilt nicht die »Punkt-vor-Strich-Regel«)

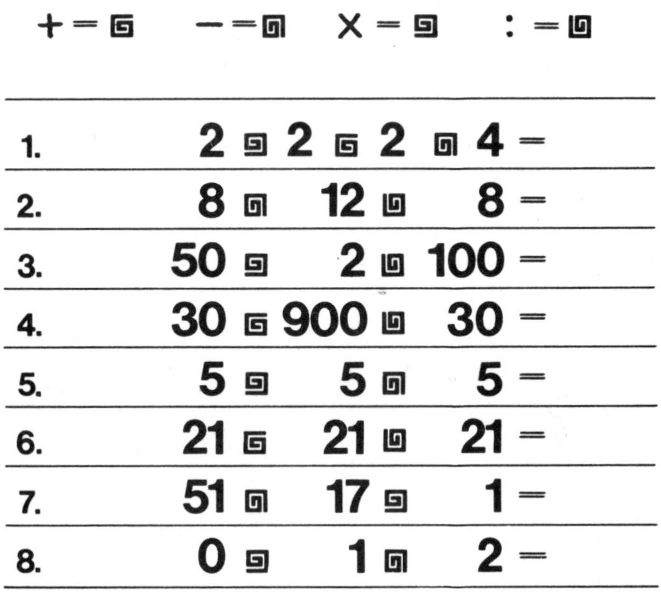

B 26	1½ min.	S 3

Jeweils drei dieser Puzzleteile ergeben ein Rechteck.
Schreiben Sie die zusammengehörigen Teile auf.

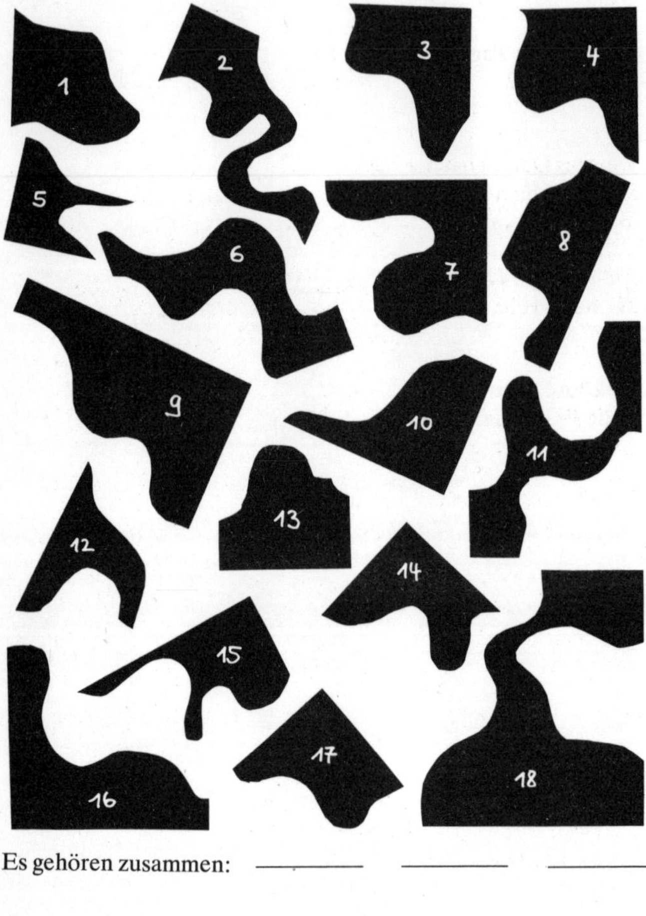

Es gehören zusammen: ______ ______ ______

______ ______ ______

E26	3 min.	S4

Finden Sie die richtigen Zuordnungen:

Auf welchen Tag fällt der
12. Mai 1982 ____________

Welches Datum hat der zweite
Mittwoch im September 1982 ____________

Auf welchen Tag fällt der
29. April 1982 ____________

Welches Datum hat der
letzte Freitag im September 1982 ____________

27. TAG

K27 | **1¾ min.** | **S2**

Lesetext mit Lücken. Schreiben Sie die fehlenden Worte auf die Striche. Ein Strich steht für ein Wort.

Wettlauf ins Jahr 2000

»Wir werden den ______ in das Jahr ____ gewinnen!« behaupten viele _____. Der japanische Ökonom und Trendanalytiker, Professor Osamu Shimomura, sagt zum ______: »____ werden die _____ Produktion der Sowjetunion _____ 1980 ______, wenn man den militärischen _____ nicht _____. Einschließlich der ______ Ausgaben werden wir das ______ ____ der ____ erst 1985 ______.« Das wäre dann die ______ der Weltmacht ______ 2. Und was haben die zur _____ drängenden _____ mit den USA im _____? Die Prognostiker im ______ Finanzministerium _____ auch darauf eine ______: »Wir können die ______ im Pro-______-Einkommen schon 1984 ______« [95]. Und ______ wollen die ______ die ___ etwa im ______ 2004. Versuchen wir nun, etwas mehr ______ gegen solche allzu ______ anmutenden ____________ zu stellen, um nicht nur ein ________ Zukunftsbild von der ______ Weltmacht im ______________ zu bekommen. Wir werden danach ______, daß auch ________ ______ nicht in den ______ wachsen.

Entnommen aus: Hans Dollinger »JAPAN – die heimliche Weltmacht«, erschienen in: Heyne Sachbuch 145

B 27 | **4 min.** | **S 4**

Was zunächst nur wie ein wirrer Buchstabensalat aussieht, enthält doch eine Reihe von brauchbaren Worten, die zu suchen sind. Es zählen aber nur Substantive. Alle gefundenen gültigen Wörter dürfen im Text angestrichen werden.

souelmskaminniqerawbrtbuchddzj
huheukasseeqayxcvderglückppeur
mjugdwaizuioönüfürstürtnidsmei
commsdhgetcxxgkölütswartemlön
citndsyciuuztrfbklöstiffthalhmio
schwieqalheuteeswtguinfältezro
blichtufghuidaseumontagsmala
hkitwqqeäuötwertugfächelnasem
kleisteqwdgumbarbiermigfreiqkä
mkilotfrerollezbdresreifeoälawm
migfdewqaölimachtbfdrescgtzud
lölöoigqaztrenjifdermlgdsyxpantr
bhurgdläoqazurequerquesftmösp
mitllliqarefdjersanftmofteskrüq
oöltzuhdcsrekiztbkälteldsinabvh
qyosachekidkipüpüqkgdsewvköö
fresthkloierfolgmbcsrezcvyswmx
läpodeäfacynzrdewjutzvdstiftgä
gutrewsdfghjklglauberdscvorqgö
wqibftesvläoqweidenzvaomzaunk
länditrechloutrevgdssägereilwm
pähfterdshbullederlongdeshzlag
pelzunhtfdsacgikmhzebrassdew
pälhnjugfdgenugkgedsahaseöftq
kwadratttthutfdswildniswaetnuä
lhgdtrbumecyteerzdgrundsatzm
heduthunrcxyznojtgeradcmibhm
mufredswahuztbhpümnftdesüqpq

E27 | **2½ min.** | **S4**

Finden Sie die richtigen Zuordnungen

Auf welchen Tag fällt der
13. Januar 1982 ____________

Welches Datum hat der
erste Montag im Februar 1982 ____________

Auf welchen Tag fällt der
4. August 1982 ____________

Welches Datum hat der letzte
Freitag des Jahres 1982 ____________

28. TAG

K28 **1 min.** **S4**

Die abgebildeten Linien sollen *spiegelverkehrt* nachgezeichnet werden.

Beispiel:

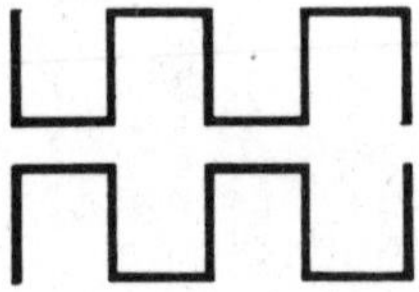

Aufgabe:

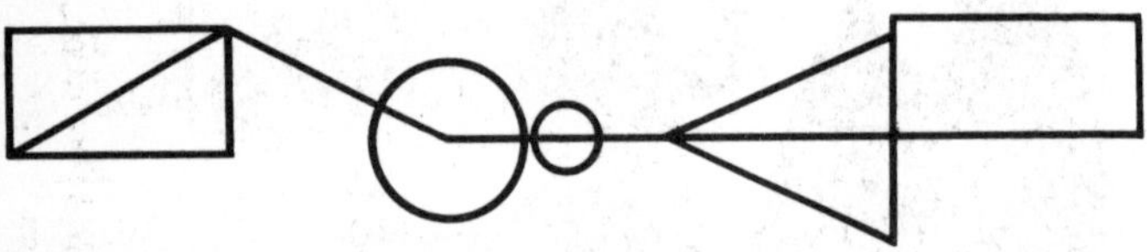

B 28 | **2½ min.** | **S 5**

Aufgabenstellung wie bei B 18 auf Seite 110.

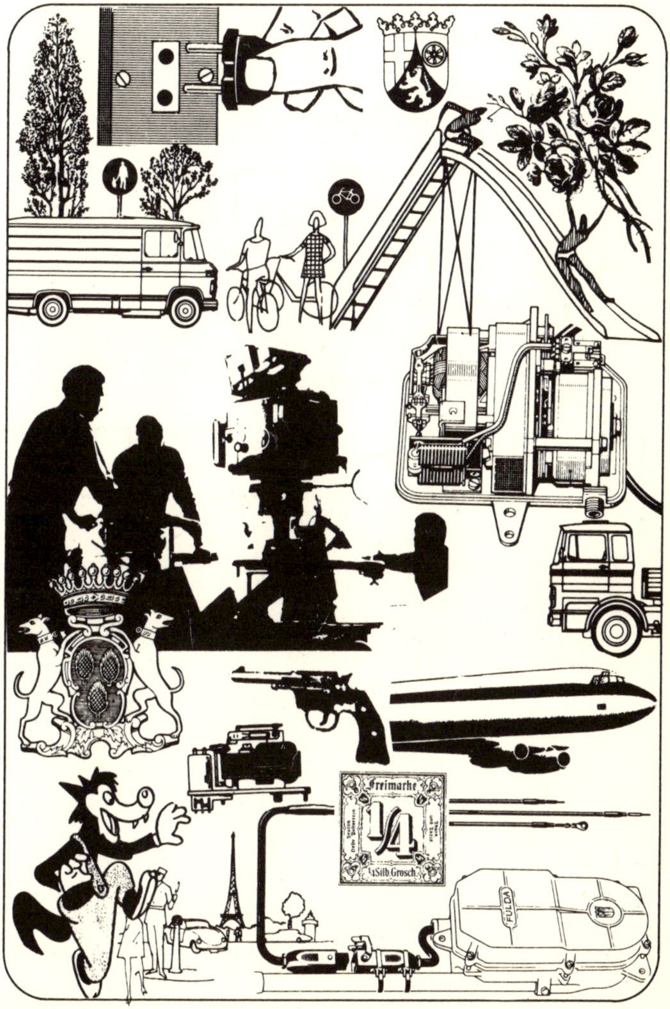

E28 | **5min.** | **S5**

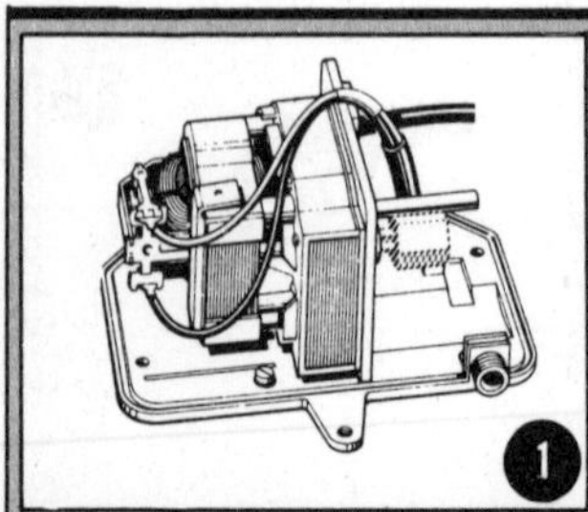

JA NEIN

JA NEIN

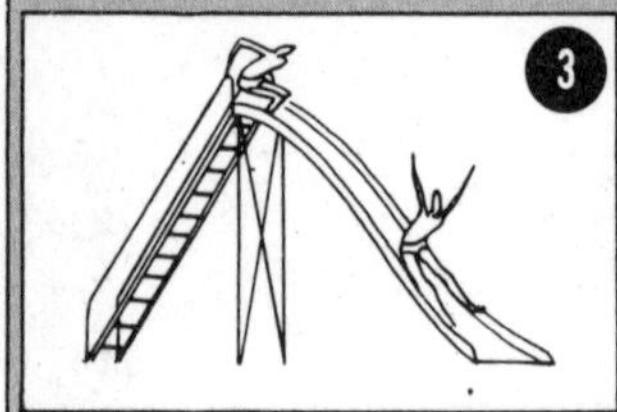

JA NEIN

JA NEIN

JA NEIN

JA NEIN

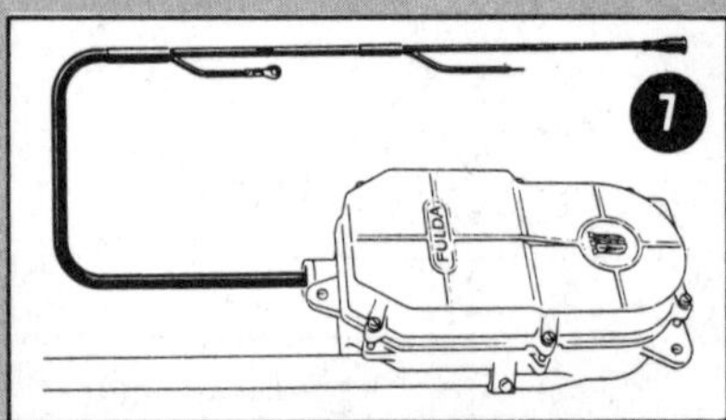

JA NEIN

Welche Bildausschnitte stammen aus der Montage?
NICHT ZURÜCKBLÄTTERN!

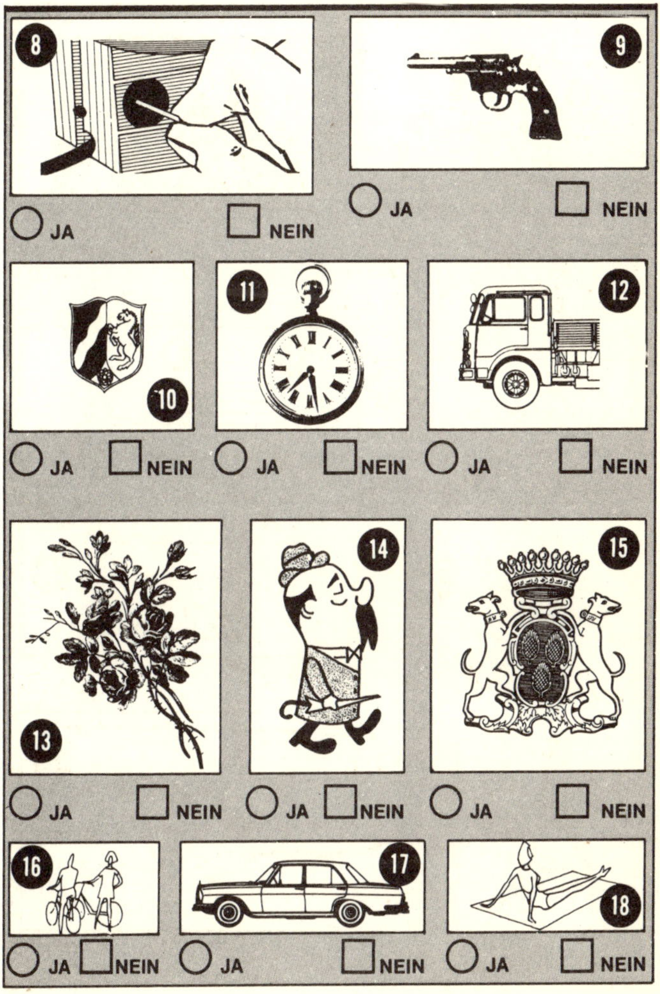

Welche Bildausschnitte stammen aus der Montage?
NICHT ZURÜCKBLÄTTERN!

○ JA ☐ NEIN

○ JA ☐ NEIN

○ JA ☐ NEIN

○ JA ☐ NEIN

○ JA ☐ NEIN

○ JA ☐ NEIN

○ JA ☐ NEIN

Welche Bildausschnitte stammen aus der Montage?
NICHT ZURÜCKBLÄTTERN!

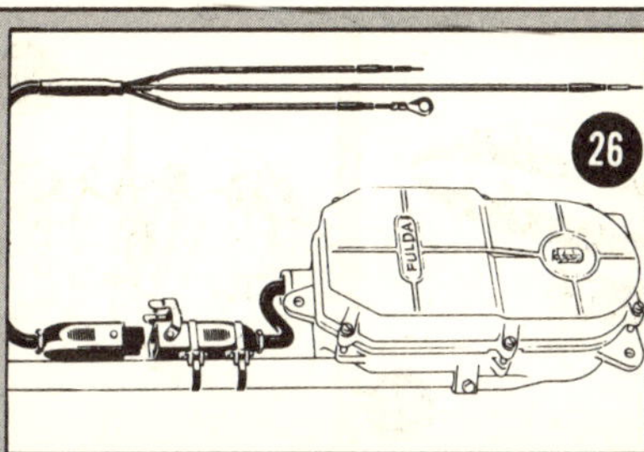

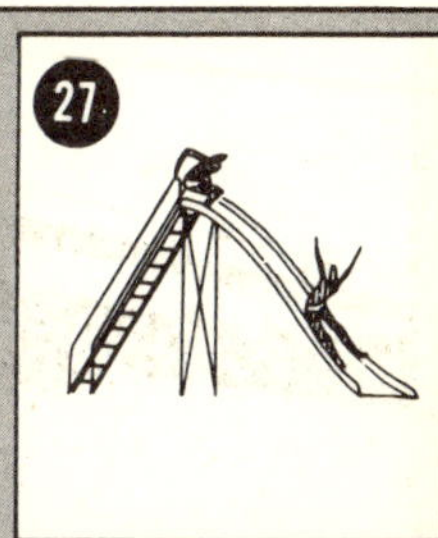

○ JA ☐ NEIN ○ JA ☐ NEIN

○ JA ☐ NEIN ○ JA ☐ NEIN

○ JA ☐ NEIN ○ JA ☐ NEIN ○ JA ☐ NEIN

Welche Bildausschnitte stammen aus der Montage?
NICHT ZURÜCKBLÄTTERN!

33

○ JA ☐ NEIN

34

○ JA ☐ NEIN

35

○ JA ☐ NEIN

36

○ JA ☐ NEIN

37

○ JA ☐ NEIN

38

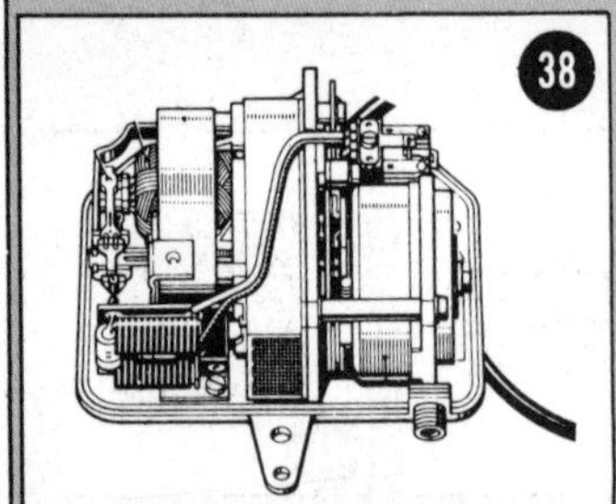

○ JA ☐ NEIN

39

○ JA ☐ NEIN

Welche Bildausschnitte stammen aus der Montage?
NICHT ZURÜCKBLÄTTERN!

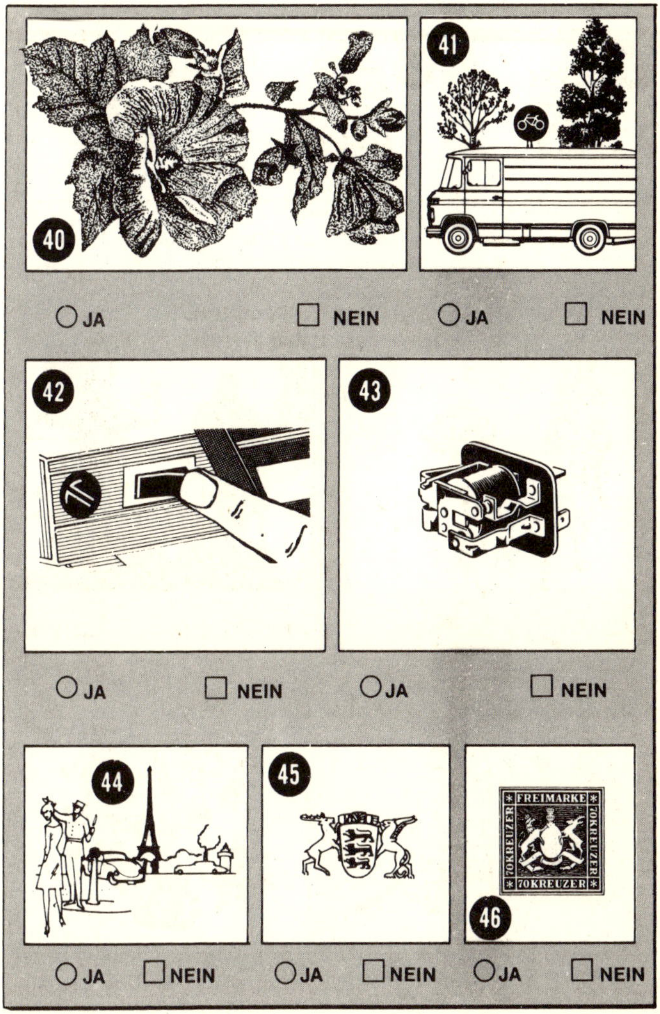

29. TAG

K29 **2¾ min.** **S5**

Schreiben Sie an das Endc der folgenden Buchstabenreihen die zwei Buchstaben, mit denen sich die Reihe logisch fortsetzen läßt.

1. H I L M ____________________

2. B Y D W ____________________

3. F H G I K J ____________________

4. U W Y A ____________________

5. A B Z Y D ____________________

6. E J O ____________________

B 29 | **½ min** | **S 1**

Der Kreis geht mitten durch einen der drei kleinen Punkte. Die beiden anderen kleinen Punkte berührt er nicht. Die großen Punkte sind ohne Bedeutung, sie sollen nur die Aufgabe erschweren. Versuchen Sie ohne Hilfsmittel herauszufinden, welches der richtige kleine Punkt ist.

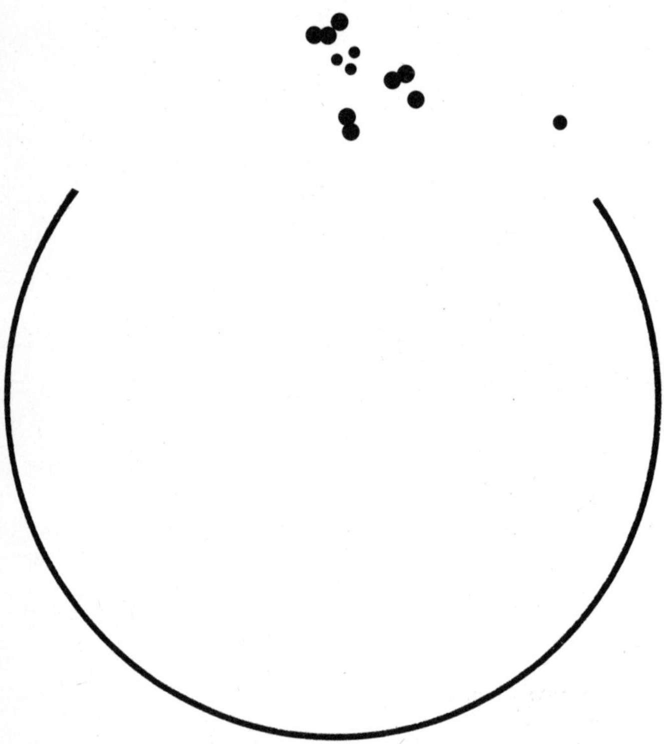

E29 **3 min.** **S5**

Finden Sie die richtigen Zuordnungen:

Welche Daten haben die
Samstage im Oktober 1982 __________

____

____

____

____

Auf welchen Wochentag fällt der
15. August 1982 __________

Auf welche Daten fallen die
Freitage im Juni 1982 __________

____

____

____

Auf welchen Wochentag
fällt der 17. Juni 1982 __________

Letzter Trainingstag

K30	3 min.	S3

Mit welchem Buchstaben müssen die Buchstabenreihen logisch fortgesetzt werden?

Reihe		Ergänzungs-buchstabe				
1	jckc	a	c	e	h	l
2	gjelc	m	n	o	p	q
3	opnqm	a	e	n	r	s
4	cdccecccc	c	d	e	f	g
5	qrsrst	q	r	s	t	u
6	aeim	a	i	o	q	u
7	cehl	q	s	u	x	y
8	zywvt	r	s	t	u	v
9	ghgfghg	f	g	h	i	j
10	iikk	k	l	m	n	o

B 30 | **1 min.** | **S 2**

Verfolgen Sie die Linien. Verwenden Sie dazu kein Hilfsmittel, wie z. B. Bleistift oder Finger. Lassen Sie nur die Augen gleiten.

Die Verschiedenfarbigkeit der Linien erleichtert die Aufgabe.

Der dicke schwarze Punkt ist Start und Ziel zugleich. Beginnen Sie mit der gerasterten Linie, die dann irgendwann in schwarz und schließlich in die punktierte Linie übergeht.

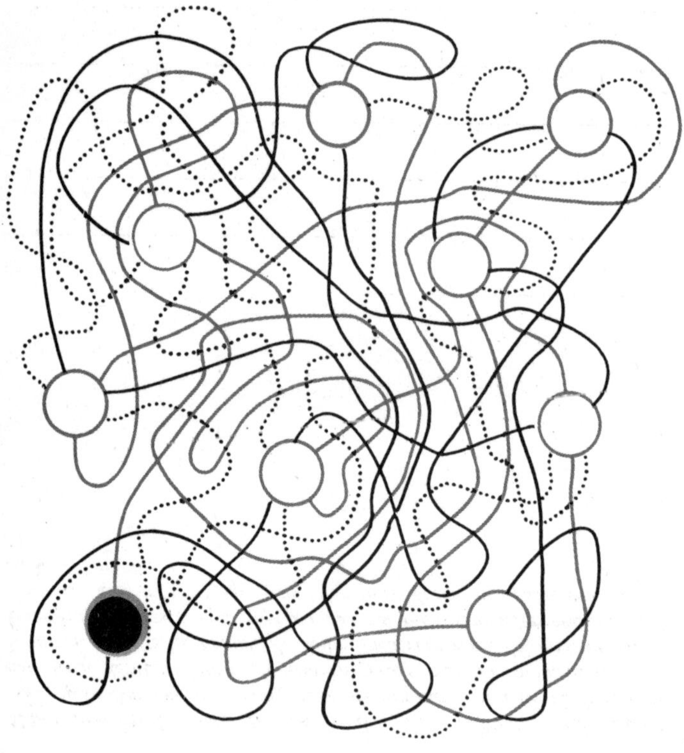

E30 **1½ min.** **S1**

Wie finden Sie die Jahres-»Telefonnummern« für irgendein beliebiges Jahr? Wissen Sie noch, wie diese Zahlen zustande kamen?

Man nehme den Kalender des betreffenden Jahres und schreibe die Daten von jeweils dem ersten Sonntag jeden Monats auf. Um diese 12 Zahlen in eine leicht lernbare Form zu bringen zerlegt man sie zunächst in zwei Gruppen zu je sechs Zahlen, die dann wiederum wie Telefonnummern in Untergruppen geschrieben werden. So hat man eine übersichtliche und vertraute Zahlenform, die sich besonders durch den Sprechrhythmus leicht lernen läßt.

Lösungen zur Selbstkontrolle

Konzentrationsübungen

K 1	S. 28	7 gleiche Paare
K 3	S. 37	Linke Spalte: 1, 42, 0, 11, 100, 24, 230, 0, 18 Rechte Spalte: 9, 21, 60, 3, 100, 61, 59, 37, 2
K 4	S. 42	Tartar, Auster, Saturn, Turner, Natter, Arrest, Trauer, Statue
K 5	S. 46	23
K 6	S. 50	$3 + 2 = 5 + 2 = 7 + 2 = 9 + 2 = 11 + 2 + 2 + 2 + 2 + 2$; 3 5 7 9 11 $2 \times 2 = 4 \times 2 = 8 \times 2 = 16 \times 2 = 32 \times 2 = 64 \times 2 \times 2 \times 2 \times 2 \times 2$; 2 4 8 16 32 64 $45 - 9 = 36 - 9 = 27 - 9 = 18 - 9 = 9 - 9 - 9 - 9 - 9 - 9$; 45 36 27 18 9 $3 + 3 = 6 - 1 = 5 + 5 = 10 - 1 = 9 + 7 = 16 - 1 = 15$ $+ 3 - 1 + 5 - 1 + 7 - 1 + 9$ usw. 3 6 5 10 9 16 15 $2 + 0 = 2 + 1 = 3 + 2 = 5 + 3 = 8 + 4 = 12 + 5 = 17$ $+ 0 + 1 + 2 + 3 + 4 + 5$ 2 2 3 5 8 12 17 $288 : 2 = 144 + 4 = 148 : 2 = 74 + 4 = 78 : 2 = 39 + 4 = 43$ $: 2 + 4 : 2 + 4 : 2 + 4 : 2 + 4$ usw. 288 144 148 74 78 39 43
K 7	S. 54	6
K 9	S. 64/65	$\times$ 180, $\triangle$ 19
K 14	S. 90	1. i 2. H. 3. w 4. X 5. q 6. R 7. t. 8. J 9. d 10. S
K 15	S. 96	9
K 16	S. 99	$8 + 2 = 10$, $12 - 2 = 10$, $5 \times 2 = 10$, $20 : 2 = 10$; $8 + 12 + 5 + 20 = 45$
K 17	S. 104	27, 130, 74, 25, 21, 400, 88, 1402
K 19	S. 119	Magisches Quadrat. Eine mögliche Lösung ist:

16	7	10	1
5	2	15	12
9	14	3	8
4	11	6	13

K 20 S. 123 Nur durch konsequente Entlastung des Gehirns mit Hilfe eines laufend geführten Tagesplanes lassen sich Voraussetzungen für eine Konzentrationsverbesserung schaffen.

K 22 S. 132 18, 6, 6, 16, 36, 9

K 23 S. 136 Die Summe aller Quadrate ist 114

K 24 S. 140 1. D 2. K 3. A 4. Q 5. G 6. O

K 25 S. 145 12

K 26 S. 149 1.2, 2.–½, 3.1, 4.31, 5.20, 6.2, 7.34, 8.–2

K 28 S. 158

K 29 S. 167 PQ, FU, LN, CE, EX, TY

K 30 S. 171 1. l, 2. n, 3. r, 4. f, 5. s, 6. q, 7. q, 8. s, 9. f, 10. m

Beobachtungsübungen

B 1 S. 29 A geht nach oben

B 3 S. 38 Es gibt zwei Interpretationsmöglichkeiten. Entweder man sieht eine alte Frau, schmallippig und mit spitzem Kinn. Oder man erkennt eine junge Frau, schräg von hinten gesehen. Der Mund der alten Frau wird dann zur Halskette der Jüngeren. Ebenso wird der Nasenflügel zur Kontur des Unterkiefers. Worauf es wesentlich ankommt, ist, die beiden Figuren »springen« oder »kippen« zu lassen, also in rascher Folge das Auge und die Erwartungshaltung darauf einzustellen, mal die eine und mal die andere Figur wahrzunehmen.

B 5 S. 47 Ziel 3

B 11 S. 77 A3, B1, C4, D5, E2

B 13 S. 87 1B, 2A

B 16 S. 100 Bundesrepublik Deutschland, ohne Berlin. Der Umriß der Karte ist um 180° gedreht.

B 19 S. 120 1 + 2 + 4 3 + 5 + 7 6 + 10 + 12
8 + 13 + 14 9 + 15 + 18 11 + 16 + 17

B 20 S. 124/5 1C2, 3H4, 5AB6, 7F8

B 23 S. 137 ▲12 ●16 ⧫12 ■13

B 24 S. 141 8, 9, 10, 17
1 + 9 + 18 2 + 14 + 15 3 + 5 + 8

B 26 S. 150 4 + 6 + 16 7 + 11 + 17 10 + 12 + 13

B 27	S. 155	Kamin, Buch, Heu, Kasse, See, Glück, Warte, Heu, Licht, Montag, Wert, Nase, Barbier (oder: Bar, Bier), Kilo, Rolle, Reife, Macht, Ren, Kälte, Sache, Rest, Erfolg, Stift, Gut, Glaube, Weide, Zaun, Sägerei, Bulle, Leder, Pelz, Zebra, Hase, Hut, Wildnis, Teer, Grundsatz, Rad
B 29	S. 168	

Erinnerungsübungen

E 2	S. 34	In der zweiten Rubrik steht mehr als in der ersten Spalte, wenn Sie tatsächlich begonnen haben, Ihren Tag bewußt zu gestalten.
E 11	S. 78/79	Wie viele Fragen konnten Sie beantworten? Pro richtige Antwort erhalten Sie 10%. Wenn Sie also alle Fragen richtig hatten, dann haben Sie den Text voll verstanden (= 100%). Sicherlich ist, da beim Lesen ja nicht auf den Inhalt geachtet wurde, die Prozentzahl niedriger. Richtig waren: 1. C, 2. B, 3. B, 4. A, 5. A, 6. A, 7. D, 8. C, 9. B, 10. C
E 17	S. 106	Als Oberbegriffe könnten z. B. *Auto* und *Musik* genannt werden.
E 18	S. 112-117	5, 12, 15, 20, 21, 23, 24, 25, 26, 30, 32, 33, 34, 39 sind die Bilder, die Sie mit JA angekreuzt haben müßten.
E 20	S. 126	Samstag, Samstag, Mittwoch, Dienstag, Samstag, Montag
E 22	S. 134	Dienstag, Dienstag, Mittwoch, Dienstag, Mittwoch, Donnerstag
E 23	S. 138	Mittwoch, Dienstag, Mittwoch, Freitag, Freitag, Dienstag
E 24	S. 143	2., 9., 16., 23., 30., 7., 14., 21., 28.
E 25	S. 147	11. Jan. 1982, Samstag, 25. Dez. 1982, 26. Mai 1982, 7. Juni 1982, 3. Okt. 1982, 17. Okt. 1982
E 26	S. 151	Mittwoch, 9. Sept. 1982, Donnerstag, 24. Sept. 1982
E 27	S. 156	Mittwoch, 1. Feb. 1982, Mittwoch, 31. Dez. 1982
E 28	S. 160	Richtig waren die Bilder: 2, 9, 13, 15, 19, 21, 24, 25, 26, 27, 29, 31, 33, 34, 35, 38, 44
E 29	S. 169	2., 9., 16., 23., 30., Sonntag, 4., 11., 18., 25., Donnerstag